UTB

UTB **3281**

Eine Arbeitsgemeinschaft der Verlage

Böhlau Verlag · Köln · Weimar · Wien
Verlag Barbara Budrich · Opladen · Farmington Hills
facultas.wuv · Wien
Wilhelm Fink · München
A. Francke Verlag · Tübingen und Basel
Haupt Verlag · Bern · Stuttgart · Wien
Julius Klinkhardt Verlagsbuchhandlung · Bad Heilbrunn
Lucius & Lucius Verlagsgesellschaft · Stuttgart
Mohr Siebeck · Tübingen
C. F. Müller Verlag · Heidelberg
Orell Füssli Verlag · Zürich
Verlag Recht und Wirtschaft · Frankfurt am Main
Ernst Reinhardt Verlag · München · Basel
Ferdinand Schöningh · Paderborn · München · Wien · Zürich
Eugen Ulmer Verlag · Stuttgart
UVK Verlagsgesellschaft · Konstanz
Vandenhoeck & Ruprecht · Göttingen
vdf Hochschulverlag AG an der ETH Zürich

LIBAC

Linguistik für Bachelor – herausgegeben von Hans Jürgen Heringer

bislang erschienen:

Hans Jürgen Heringer: *Morphologie*
Dietrich Busse: *Semantik*
Henning Lobin: *Computerlinguistik und Texttechnologie*
Hans Bickes/Ute Pauli: *Erst- und Zweitspracherwerb*

weitere Bände in Vorbereitung

HANS BICKES / UTE PAULI

Erst- und Zweitspracherwerb

WILHELM FINK

Die AutorInnen:

Hans Bickes ist Professor für Linguistik/Deutsch als Fremd- und Zweitsprache am Deutschen Seminar der Leibniz Universität Hannover. Forschungsschwerpunkte: Sprache und Kognition, Semantik, Mehrsprachigkeitsforschung, Spracherwerbsforschung, Deutsch als Fremd- und Zweitsprache.

Ute Pauli ist wissenschaftliche Mitarbeiterin im Lehrgebiet Linguistik/Deutsch als Fremd- und Zweitsprache am Deutschen Seminar der Leibniz Universität Hannover und promoviert zum Thema „Perspektivität und Sprache".

Bibliografische Information Der Deutschen Nationalbibliothek

Die Deutsche Nationalbibliothek verzeichnet diese Publikation in der Deutschen Nationalbibliografie; detaillierte bibliografische Daten sind im Internet über http://dnb.d-nb.de abrufbar.

Gedruckt auf umweltfreundlichem, chlorfrei gebleichtem Papier

(Wilhelm Fink GmbH & Co. Verlags-KG, Jühenplatz 1, D-33098 Paderborn)
ISBN 978-3-7705-4845-3

Internet: www.fink.de

Printed in Germany.
Herstellung: Ferdinand Schöningh, Paderborn
Einbandgestaltung: Atelier Reichert, Stuttgart

UTB-Bestellnummer: ISBN 978-3-8252-3281-8

Inhaltsübersicht

1. Einleitung

Ziele des Kapitels

Eine kurze Erläuterung zum Buch und die wichtigsten terminologischen Vorklärungen.

Warm-Up

Transkript vom 20.11.1988 (88-11-20.cha)
Alter: 1 Jahr, 1 Monat, 20 Tage

(Situation: Caroline und Mutter schauen ein Bilderbuch an)

*MOT:	[...] (1.) schau ma hier isn Vogel (14.) da ist eine Eisenbahn (2.) sch sch sch (8.) .
*CHI:	oh ei je (1.) ja ja (.) zei ja (.) han da (.) da da (.) pa (.) ah ba (.) e da da (.) da (.) .
*CHI: (leiser)	da (.) da (1.) da (1.) da (1.) da (.) da (.) da (.) da (.) da de (1.) da de (1.) da de .
*CHI: (lauter)	ae dae da (.) .
*CHI:	de dei je (11.) oeh (10.) aeh (3.)

Erst- und Zweitspracherwerb sind Themen, zu denen es an eigenen Erfahrungen nicht mangelt – sowohl aus der eigenen Biographie wie durch das Miterleben des Spracherwerbs oder Fremdsprachenlernens anderer. Dies mag über die Komplexität des Gegenstandes ein wenig hinwegtäuschen. Verschafft man sich einen ersten Einblick in die Forschungsliteratur, in der diese Themen abgehandelt werden, ist das Angebot im wahrsten Sinn des Wortes überwältigend. Nicht nur Linguisten und Linguistinnen haben sich mit dieser Thematik befasst, sondern auch VertreterInnen anderer Disziplinen: Anthropologie, Psychologie, Pädagogik, Medizin, Neurowissenschaft, Kognitionswissenschaft, Künstliche Intelligenz, Soziologie, Philosophie – und sicher haben wir noch einige vergessen. Jede dieser Disziplinen hat Eigenständiges zur Erklärung des Erst- und Zweitspracherwerbs beigetragen; mit unterschiedlichen Zielsetzungen, oft aus unterschiedlichen wissenschaftstheoretischen Positionen heraus und mit unterschiedlichen Methoden.

In der Spracherwerbsforschung werden verschiedene Spracherwerbstypen und Formen der Mehrsprachigkeit angenommen, die mit unterschiedlichen Begriffen bezeichnet werden. Wir wollen folgende **Termini** verwenden:

- *Erstsprache* (L1 = *first language*) für jede bis zum Ende des dritten Lebensjahres erworbene Sprache
  - *Primärer Erstspracherwerb* für den Erwerb einer Sprache von Geburt an (oft auch Mutterspracherwerb genannt)
  - *Doppelter Erstspracherwerb* für den gleichzeitigen Erwerb *zweier* (oder *mehrerer*) Erstsprachen
  - *Herkunftssprache(n)* als die Erstsprache(n) von Mehrsprachigen
- *Zweitsprache* (L2 = *second language*) für jede weitere Sprache, die im Verlauf des Lebens erworben wird
  - *Zweitspracherwerb* für den Erwerb weiterer Sprachen nach dem dritten Lebensjahr
  - *Fremdspracherwerb* für den Zweitspracherwerb unter institutionellen Bedingungen
  - Beim Zweitspracherwerb ist die *Ausgangssprache* die L1, *Zielsprache* die L2

Hinter jeder Wissenschaftsauffassung und Theorie stehen bestimmte Interessen und Weltanschauungen, je nach Theorie werden andere Fragen gestellt, und die Abhängigkeit der Methoden von Theorien führt dazu, dass die Daten, anhand derer Spracherwerb untersucht wird, selten vergleichbar sind. Wenn wir hier auf knapp 120 Seiten einen Einstieg in die Thematik geben, dann kann das nur einer ersten Orientierung dienen, keinem auch nur annähernd vollständigen Überblick. Daher haben wir uns entschieden, in unserer Darstellung individuell gezeichnete Konturen und Probleme der Spracherwerbsforschung entstehen zu lassen, die Sie im Fortgang Ihres Studiums weiter ausfüllen oder verändern können. Manches wird gar nicht angesprochen, obwohl es aus der Sicht vieler KollegInnen unverzichtbar sein mag, manches mag verzichtbar erscheinen, weil es zunächst zu weit vom tatsächlichen Erwerbsphänomen, von der kindlichen Sprache, entfernt zu sein scheint. Unser Leitmotiv war jedoch, die Aufmerksamkeit unserer Leserinnen und Leser auf einen engen Zusammenhang zwischen Spracherwerb einerseits und der Fähigkeit des Menschen andererseits zu lenken, die Perspektive anderer einzunehmen und symbolisch zu handeln. Den Erwerb einer oder mehrerer Sprachen verstehen wir als einen Prozess, in dem diese Fähigkeit nach und nach immer stärker ausdifferenziert wird und der das von Geburt an sozial orientierte Kleinkind mit dem Vermögen ausstattet, kommunikativ zu handeln und mit anderen gemeinsam immer neue Geschichten zu erfinden: über die Welt, über andere, über sich selbst.

Mehrere Personen haben uns bei der Abfassung des vorliegenden Überblicks intensiv mit kritischen Diskussionen und Kommentaren begleitet. Stellvertretend für alle, denen Dank gebührt, seien Christine Bickes, Stephan Kornmesser und Simon Pauli genannt.

2. Warum Kinder Sprachen brauchen

Ziele des Kapitels

Wir legen dar, in welchen übergeordneten erkenntnistheoretischen Zusammenhang wir unsere Annäherung an die Frage des menschlichen Spracherwerbs stellen. Es wird gezeigt, dass im Spracherwerb die Fähigkeit elaboriert wird, unterschiedliche Perspektiven auf die Welt einzunehmen.

Warm-Up

„Wir können [...] sagen, daß sprachliche Symbole soziale Konventionen dafür sind, andere dazu zu bringen, daß sie eine bestimmte Erfahrungssituation in bestimmter Weise auffassen bzw. eine bestimmte Perspektive auf sie einnehmen" (Tomasello 2002, 142).

Sprache und gesellschaftlicher Wandel

Der im Jahr 2007 verstorbene amerikanische Philosoph Richard Rorty entwirft in seinem Buch „Kontingenz, Ironie und Solidarität" seine Vorstellung von der Rolle der Sprache in der Gesellschaft. Gesellschaftlicher Wandel beruht nach Rorty auf einem „Wettkampf zwischen einem erstarrten Vokabular, das hemmend oder ärgerlich geworden ist, und einem neuen Vokabular, das erst halb Form angenommen hat und die vage Versprechung großer Dinge bietet" (Rorty 1992, 30). Soziale Veränderungen kommen dadurch zustande, dass immer mehr Dinge auf andere Art neu beschrieben werden, und zwar so lange „bis dadurch ein Muster sprachlichen Verhaltens geschaffen ist, das die kommende Generation zur Übernahme reizt und sie damit dazu bringt, nach angemessenen neuen Formen nichtsprachlichen Verhaltens Ausschau zu halten – sich etwa neue naturwissenschaftliche Ausrüstungen oder neue soziale Institutionen zuzulegen" (Rorty 1992, 30). Wollen wir Veränderung, müssen wir uns demnach vor einem Zuviel an überkommenen Sprachmustern, der „Stammessprache", hüten. Neue Vokabularien dringen in die Welt überkommener Sprachspiele, in die Stammessprache, meist von der Basis her ein. Sie entspringen dem Bedürfnis einzelner Menschen, sich jeweils als Selbst, als einmaliges Individuum zu beschreiben.

Eben dieses Bedürfnis nach *Expressivität* wird auch im Zusammenhang mit der Erforschung von Sprachwandel als auslösend für Veränderungen ausgemacht. Mit Blick auf den Erstspracherwerb hat Bruner (1990) die analoge Vermutung geäußert, dass im Spracherwerb des Kindes die Ausdrucksfunktion der Sprache allen anderen Funktionen zugrunde liege, wobei, wie Bloom vor allem in „Expression of affect and emergence of language" ergänzt hat, der Wunsch, emotional bedeutsame Inhalte mit anderen zu teilen (*sharability*), als Antrieb dieser Expressivität fungiert (Bloom 2002).

Beschreibungen der eigenen Individualität ausschließlich in der Stammessprache laufen Gefahr, dass sich die Wörter, die man hat aufmarschieren lassen, als bloße Standardartikel erweisen, die in längst bekannter Routine arrangiert wurden: „Dann wird man der Sprache keine eigene Prägung gegeben, sondern ein Leben lang nur vorgeprägte Stücke herumgeschoben haben. Man wird also überhaupt kein eigenes Ich gehabt haben. Die eigenen Schöpfungen, das eigene Selbst, werden nur mehr oder weniger gelungene Ausprägungen wohlbekannter Typen sein" (Rorty 1993, 53). Der gleichfalls bereits verstorbene Schriftsteller Joseph Brodsky hat das in seiner Rede anlässlich der Verleihung des Literaturnobelpreises einmal ungefähr so zugespitzt, dass vor einer Gesellschaft, in der es keine ‚Vokabularien im Aufbruch' mehr gibt, nur noch die Vergangenheit liegen kann. Dies gilt *mutatis mutandis* auch für Individuen, denen es an der Kraft mangelt, sich auf eine Neubeschreibung ihres eigenen Lebens einzulassen – zumindest ansatzweise. Erneuerung, Zukunft und Utopien sind auf gesellschaftlicher und persönlicher Ebene ohne eine Veränderung überkommener Sprachspiele nicht zu erwarten. Beispiele für Versuche, neue Sprachspiele einzuführen, finden wir u.a. in politischen Programmen, in neuen wissenschaftlichen Theorien, aber auch in den sich ständig ändernden Sprech- und Schreibstilen Jugendlicher, die ein besonderes Bedürfnis nach einer Neubeschreibung umtreibt.

> Der Begriff des Sprachspiels ist ein zentraler Begriff in der Spätphilosophie von Ludwig Wittgenstein (1891-1951):
> „Ich werde (...) das Ganze: der Sprache und der Tätigkeiten, mit denen sie verwoben ist, das ‚Sprachspiel' nennen. (PU, § 7)
> „Das Wort ‚*Sprachspiel*' soll hier hervorheben, dass das Sprechen einer Sprache ein Teil ist einer Tätigkeit, oder einer Lebensform." (PU, § 23)

Kann es aber beliebig sein, welche Sprachspiele sich im „Vokabulariengestöber" behaupten, um einen Ausdruck von Paul Celan aus seinem Gedicht „Das Dröhnen" zu borgen, und ist dann alles möglich? Rorty hat sich gegen solche Relativismusvorwürfe verwehrt. Zwar hält er unbeirrt und illusionslos daran fest, dass es keine übergeordnete Geschichte gibt, die als absoluter, sozusagen ‚göttlicher', Maßstab dafür dienen könnte, welche Welt- und Lebensentwürfe richtig oder angemessen sind. Prinzipiell sind tatsächlich unüberschaubar viele ‚Beschreibungen' der Welt vorstellbar. Doch erstaunlich viele Menschen und Gesellschaften scheinen langfristig jene zu bevorzugen, die dazu beitragen, Leid und Elend in der Welt zu mindern. Hinter allen Versuchen der Neubeschreibung der Welt, hinter der Vielzahl vorstellbarer ‚Vokabularien im Aufbruch', ist so etwas wie eine zentrale Sehnsucht auszumachen: Die Sehnsucht nach So-

Solidarität

lidarität. Dazu sagt Rorty (1993, 15f): „In meiner Utopie würde man Solidarität nicht als ein Faktum verstehen, das erst durch das Ausräumen von ‚Vorurteilen' oder durch den Vorstoß in vorher verborgene Tiefen erkennbar wird, sondern als ein anzustrebendes Ziel. Es ist nicht durch Untersuchung, sondern durch Einbildungskraft erreichbar, durch die Fähigkeit, fremde Menschen als Leidensgenossen zu sehen. Solidarität wird nicht entdeckt, sondern geschaffen. Sie wird dadurch geschaffen, dass wir unsere Sensibilität für die besonderen Einzelheiten des Schmerzes und der Demütigung anderer, uns nicht vertrauter Arten von Menschen steigern. Diese gesteigerte Sensibilität macht es schwieriger, Menschen, die von uns verschieden sind, an den Rand unseres Bewußtseins zu drängen, indem wir denken: ‚Sie empfinden nicht wie wir', oder: ‚Leiden muß es immer geben, warum sollen nicht sie leiden'?".

Förderlich für die Entwicklung und Steigerung unseres Solidaritätsempfindens ist demzufolge die Fähigkeit, immer wieder neue und verfeinerte Erzählungen (*Narrative*) über die Welt, über andere und uns selbst zu verfertigen, eigene Erfahrungen und Gefühle mitzuteilen und mit anderen zu teilen. Aber das geht nur mit Sprache. Unser sprachbasiertes Vermögen, Geschichten differenziert und aus unterschiedlichen Blickwinkeln zu erzählen und dabei die Sichtweisen und Perspektiven anderer ein- und womöglich zu übernehmen, schafft die Voraussetzungen dafür, uns mit ihnen solidarisch zu fühlen.

Intersubjektivität

Unser Vorschlag im vorliegenden Text wird sein, dass die Sehnsucht nach Solidarität im Keim bereits in einer bei der Geburt vorhandenen Fähigkeit des Säuglings zur Empathie angelegt ist. Diese Urform von rudimentärer *Intersubjektivität* ist zunächst einmal die *notwendige Voraussetzung* für den Aufbau eines symbolischen Handelns zwischen Säugling und Bezugspersonen und somit der eigentliche Auslöser des Spracherwerbs. Indem das Kleinkind beginnt, andere als sich ähnlich zu erleben, beginnt es auch, in deren Tun einen Sinn zu vermuten. Das ist der Aufbruch zu einem symbolischen, alsbald auch sprachlichen Handeln. Eine zunächst noch recht egoistisch gefärbte, vorsprachliche Ur-Intersubjektivität erfährt ab dem Moment, in dem Kinder die Bedeutung sprachlicher Äußerungen erfassen, in der kindlichen Sprachentwicklung eine fast explosionsartige Ausdifferenzierung zu einem nuancierten Vermögen, die Perspektiven anderer einzunehmen, andere zu verstehen und ihnen in einem allgemeinen Sinn solidarisch und kooperativ zu begegnen. Das ist gleichzeitig das Fundament, auf dem jedwedes sprachliches Handeln gründet, wie bereits Grice betont hat.

Literaturvertiefung zu diesem Kapitel finden Sie unter http://www.daf-daz.uni-hannover.de/libac.html

3. Warum Sprachen Kinder brauchen

Ziele des Kapitels

Es wird gezeigt, wieso einige Linguisten zu der Auffassung gelangen, dass der Erwerb syntaktischer Strukturen für Kinder problematisch sei. Das zugrundeliegende Argument ist das *Poverty of the stimulus*-Argument. Wir geben einen ersten Überblick über Lösungsvorschläge für dieses Erwerbsproblem.

Warm-Up

„Children's minds need not innately embody language structures, if languages embody the predispositions of children's minds. [...] because languages are under powerful selection pressure to fit children's likely guesses, children are the vehicle by which a language gets reproduced. Languages have had to adapt to children's spontaneous assumptions about communication, learning, social interaction, and even symbolic reference, because children are the only game in town. It turns out that in a curious sort of inversion of our intuitions about this problem, languages need children more than children need languages" (Deacon 1997, 109).

Koevolution von Sprache und Gehirn

Der Neurobiologe und Evolutionstheoretiker Terrence Deacon, Autor des Buches „The Symbolic Species" (1997) schlägt vor, die Entwicklung des menschlichen Gehirns und die Entwicklung menschlicher Sprachen als eine Art Koevolution zu beschreiben. Einen fast gleichlautenden Vorschlag findet man auch in dem Buch „Functionalism and Grammar" von Talmy Givón (1995, 393). Beide, Deacon wie Givón, nehmen an, dass – nachdem die ersten menschlichen Sprachen mehr oder minder spontan entstanden sind – nur jene Sprachen, also jene sprachlichen Verhaltensweisen ‚überleben' konnten, die für das menschliche Gehirn einfach zu verarbeiten, das heißt: zu lernen, zu behalten, zu gebrauchen und zu verstehen waren.

Gehirne scheinen phylogenetisch indes ein gehöriges Maß an ‚Toleranz' gegenüber Sprachen entwickelt zu haben, wenn man bedenkt, wie verschieden die über 6000 Einzelsprachen der Welt sind. Je nachdem, wo man ein Kleinkind aufwachsen lässt, wird es in der Lage sein, die entsprechende Umgebungssprache zu erwerben. Die phylogenetisch angelegte Plastizität des menschlichen Gehirns direkt nach der Geburt lässt in der Ontogenese eine breite Variation von neurobiologisch ‚passenden' Sprachformen zu. Offenbar stört es das Gehirn nicht, dass Sprachen von Kultur zu Kultur und von Sprachgemeinschaft zu Sprachgemeinschaft unterschiedlich ausgeformt sind, dass sie sich im interaktiven Gebrauch über lange Zeiträume wandeln und dabei in hohem Maß auch einer sozialen Beeinflussung unterliegen.

Mehrsprachigkeit als soziokulturelles Problem

In vielen Regionen der Erde ist es selbstverständlich, dass Menschen nicht nur mit einer, sondern mit mehreren Sprachen und zusätzlich mit unterschiedlichen Dialekten gleichzeitig aufwachsen. Offensichtlich ist das menschliche Gehirn ohne Weiteres in der Lage mit Mehrsprachigkeit umzugehen. In Gesellschaften mit einer monokulturellen und monolingualen Tradition wird allerdings oft bereits Bilingualität (Zweisprachigkeit) als kompliziert angesehen. Dies ist jedoch eher ein soziokulturelles als ein neurobiologisches oder kognitives Problem. Unter geeigneten Rahmenbedingungen erwerben Kinder spielend zwei oder auch mehr Sprachen. Der Erwerb von Sprachen ist immer ein gesellschaftlicher, ein sozialer Prozess. Es lohnt daher, bei Mehrsprachigen das Augenmerk nicht vorrangig auf deren ‚individual brains' zu richten, wie das aus neurowissenschaftlicher und oft auch kognitionswissenschaftlicher Sicht bisweilen suggeriert wird, sondern auch und gerade auf deren ‚social lives'. Denn viele Probleme, die im Zusammenhang mit Mehrsprachigkeit entstehen, haben ihre Ursachen in soziokulturellen und sozioökonomischen Rahmenbedingungen.

syntaktisch-strukturelles Erwerbsproblem
Poverty of the stimulus

Prima facie sieht es – etwas gegenläufig zur These Deacons – keineswegs danach aus, als seien Sprachen für menschliche Gehirne einfach zu verarbeiten oder zu erwerben – schon gar nicht für Kinder. Blickt man auf den Erwerb von Sprachen aus der Sicht von Erwachsenen oder gar von LinguistInnen, die bereits gewohnt sind, Sprachen als grammatisch komplizierte Gebilde wahrzunehmen, mutet der Spracherwerb wie ein Wunder an.

Ist eine Sprache überhaupt lernbar? Erwerben Kinder eine Sprache nur durch Imitation? Genügen die tatsächlichen Äußerungen, die Kinder oder Lerner in ihrer Umgebung hören (der sog. *Input*), um daraus die Regeln einer Sprache zu abstrahieren? Helfen angeborene Mechanismen beim Erwerbsprozess? Auf diese Fragen haben Spracherwerbstheorien unterschiedliche Antworten parat. Sprachwissenschaftliche Beschreibungen belegen eine ungeheure Komplexität der grammatischen Struktur von Sprachen. Eine umfassende Grammatik des Deutschen kann ohne weiteres mehrere voluminöse Bände umfassen. Nicht nur der Spracherwerb des Kindes gerät so zum Rätsel, auch Lerner des Deutschen als Fremdsprache haben angesichts solch einschüchternder Strukturenvielfalt das Gefühl, dass die deutsche Sprache nicht lernbar sei. Auch im Erwerbs*verlauf* treten Rätsel auf. In vielen Sprachen gibt es komplizierte grammatische Strukturen, die Kinder bald beherrschen, obwohl sie eher selten im Sprachgebrauch vorkommen. Und umgekehrt werden einige hochfrequente und eher einfach anmutende Strukturen relativ spät erworben. Englischsprachige Kinder erwerben z.B. die Reflexivpronomen *himself/herself* früher als die ‚einfachen' Personalpronomen *him/her*.
Häufig wird behauptet, der sprachliche Input, der dem Kind zur Verfügung stehe, sei prinzipiell zu ‚arm', um daraus die unüberschaubar große Menge möglicher Sätze einer Sprache ableiten zu können. Dieses Argument ist als **Poverty of the stimulus-Argument** eng mit dem **Erwerbsproblem** verbunden (der Terminus *stimulus „Reiz"* hat in behavioristischen Lerntheorien seinen Ursprung). So ist der *Input*, den Kinder in Gesprächen hören, häufig unvollkommen oder fehlerhaft. Kinder haben viele Sätze noch nie gehört, die sie korrekt bilden, und gleichzeitig vermeiden sie unkorrekte

Sätze, obwohl ihnen diese normalerweise im Input nicht als ‚unkorrekte' Sätze präsentiert werden (Mangel an *negativer Evidenz*). Ferner wird vorgebracht, dass Kinder, die sich am Input orientieren, zu falschen Regelannahmen veranlasst werden.

(1) Netaya mit ihrem Cabrio fährt schnell.

(2) Fährt Netaya mit ihrem Cabrio schnell?

(1) und (2) verleiten zur Hypothese, dass eine Frage dadurch aus einem Aussagesatz hervorgeht, dass das erste Verb im Satz nach vorne verschoben wird. Aus

(3) Stephan, der eine alte Ente fährt, kommt als letzter an.

würde die gerade erworbene Regel den (unkorrekten) Fragesatz generieren:

(4) *Fährt Stephan, der eine alte Ente, kommt als letzter an?

Doch Kinder bilden solche Sätze nicht, wie Spracherwerbsdaten zeigen (Crain/Nakayama 1987). Stattdessen bilden sie eine Frage im Einklang mit der *Struktur* des Satzes (3), der aus einem Haupt- und einem Nebensatz (Attributsatz innerhalb der Subjektphrase) besteht. Wie aber erkennen sie diese Struktur? Woher, wenn nicht aus dem Input, wissen sie, dass dasjenige Verb, das nach der ganzen Subjektphrase steht, in Frageposition bewegt werden muss, und nicht das zuerst im Satz vorkommende? Woher erkennen Kinder, was zur Subjektphrase gehört? Wie kann ein Kind überhaupt erkennen, was in einem Satz Subjekt ist? Aufgrund der Funktion des Subjektes im Satz? Aber auch hier ist die Situation ziemlich kompliziert, da im Deutschen die Beziehungen zwischen Satzgliedern in Subjektposition und den damit verbundenen semantischen Rollen recht unübersichtlich sind:

(5) Stephan liest einen Krimi.

(6) Netaya erhält einen Blumenstrauß.

(7) Der Blumenstrauß wird zertreten.

(8) Das Messer schneidet schlecht.

(9) Das Buch ist voller Mordfälle.

(10) Es schneit.

(11) Netaya gibt Stephan einen Krimi.

(12) Netaya bekommt von Stephan einen Krimi.

In allen Beispielen steht das Subjekt an erster Stelle, hat jedoch völlig unterschiedliche semantische Rollen inne: Im ersten Fall (5) ist das Subjekt Agens, in (6) Rezipiens, in (7) Patiens, in (8) Instrument, in (9) Thema und in (10) entspricht der Subjektposition gar keine semantische Rolle. In (11) und (12) wiederum wechseln Subjekt und Objekt die semantischen Rollen in Abhängigkeit vom Verb. Als ob dies nicht bereits unübersichtlich genug sei, könnte man in allen Sätzen das Subjekt auch an eine spätere Satzposition rücken, wie z.B.:

(5') Einen Krimi liest Stephan.

(11') Von Stephan bekommt Netaya einen Krimi.

Andererseits gibt es Sätze, in denen z.B. eine Ortsangabe in typischer Subjektposition stehen kann, wie *Hannover* in

(13) Hannover liegt in Niedersachsen.

Formulieren wir aber einen semantisch ähnlichen Satz, gleichfalls mit einer Ortsangabe in Subjektposition:

(14) * In Niedersachsen grenzt an Schleswig-Holstein,

so gilt die Regel, dass Präpositionalphrasen im Deutschen nicht als Subjekte auftreten können. Diese und ähnliche Phänomene machen im Zusammenhang mit dem **Poverty of the stimulus-Argument** das *Erwerbsproblem* aus.

Wenn sie es schon könnten, würden Kleinkinder vielleicht sagen, dass Erwachsene vor lauter Bäumen den Wald nicht mehr sehen. Kinder gehen möglicherweise beim Spracherwerb ganz anders vor, als es der wissenschaftlich fixierte Bestand an Kategorien, Strukturen und Regeln in einer Grammatik suggeriert. Wer ein Auto kauft, muss sich nicht notwendig mit den technischen Details befassen. Er oder sie kann die Auswahl auch danach treffen, ob es in die Garage passt oder zur Farbe der neuen Handtasche. Ist das Erwerbsproblem vielleicht ein Scheinproblem? Nehmen wir die Hypothese, die Deacon im Eingangszitat formuliert hat, ernst, dann scheinen sich die in Grammatikbüchern so einschüchternd auftretenden Sprachen in der Wahrnehmung des Kindes ‚kinderleicht' zu präsentieren – sonst wären sie im Evolutionsprozess längst aufgegeben worden. Der Spracherwerb von Kindern folgt nicht den Inhaltsverzeichnissen voluminöser Grammatikbücher. Vieles deutet darauf hin, dass wir eine Theorie benötigen, die zur Erklärung des kindlichen Spracherwerbs ohne ein Zuviel an Grammatik auskommt.

3.1 Das Kind als Universalgrammatiker

Theorie der angeborenen Universalgrammatik

Ganz im Gegensatz dazu hat eine Theorie weite Verbreitung gefunden, die das gesamte Inventar an grammatischen Prinzipien und Kategorien von Beginn an einbezieht. Als entwaffnende Antwort auf das Erwerbsproblem (das in der ursprünglichen Fassung er selbst formuliert hat) schlägt der Linguist Noam Chomsky vor, dass Kinder die allgemeinen Prinzipen einer recht komplexen, hochabstrakten *universellen Grammatik* (das, was für *alle* der über 6000 Sprachen gilt) bereits fertig verdrahtet bei der Geburt im Kopf mitbringen – ergänzt durch variable Strukturen, die nach Umlegen eines inneren Schalters für die spezifischen Charakteristika der jeweiligen Erstsprache zuständig sind. Sie wissen aufgrund dieser angeborenen *Universalgrammatik* (UG), wie der Fragesatz zu (3) syntaktisch korrekt auszusehen hat. Sie wissen, dass eine Verb-Bewegung des ersten Verbs, wie in (4), verboten ist, (weil es in ihrer UG ein Prinzip gibt, das Beschränkungen für Bewegungen von Einheiten in komplexen Sätzen über Satzgliedgrenzen hinweg festsetzt). D.h., ihr *angeborenes* UG-Wissen – nicht etwa ein allmählicher Lernprozess – bringt Kinder dazu, die grammatische Struktur der komplexen Subjekt-Nominalphrase in Satz (3) unbewusst zu berücksichtigen.

Die Annahme eines angeborenen Moduls für den Spracherwerb wird beharrlich durch einflussreiche Sprachwissenschaftler wie **Noam Chomsky** und **Steven Pinker** propagiert. Sprache ist nicht „‚designed for use' or ‚well adapted to its functions'" sagt Chomsky ganz explizit (Chomsky 1995, 169) und suggeriert damit, dass Eigenschaften menschlicher Sprache nicht aus ihrer Funktion oder dem tatsächlichen Gebrauch abstrahiert bzw. erklärt werden können. Wir wollen diese Position nur recht knapp behandeln. Denn es mehren sich in den letzten Jahrzehnten die Stimmen, die meinen, dass die Chomskysche Position zum Spracherwerb womöglich eine Sackgasse ist. Dabei war es Chomskys Verdienst, mit seinem bahnbrechenden Aufsatz „Review of Skinner's ‚verbal behavior'" in der angesehenen Fachzeitschrift *Language* (35, 1959, 26-58) den Weg für die moderne Spracherwerbsforschung frei gemacht zu haben, die zuvor in den Bann des bis dato vorherrschenden Behaviorismus geraten war. Chomsky trägt überzeugende Argumente gegen den Behaviorismus vor und bereitet so den Weg für den bis heute andauernden Erfolg der Kognitionspsychologie, die zahlreiche Erklärungsansätze für den Spracherwerb hervorbrachte. Allerdings gab es rasch von Seiten anderer Kognitionspsychologen, wie z.B. dem berühmten Entwicklungspsychologen Jean Piaget, scharfe Kritik an der spezifisch nativistischen Erklärungsvariante, die Chomsky als Alternative zum Behaviorismus anbietet.

Eine einleuchtende Darstellung, wie diese isolierte komplexe Fähigkeit, die zudem bereits alle im Sprachwandel vorstellbaren Veränderungen einer phylogenetisch ersten Ursprungssprache vorausschauend enthalten müsste, im Laufe der Evolution den Weg ins Gehirn bzw. in unsere Gene gefunden hat, bleibt uns Chomsky allerdings bis heute schuldig. Chomskys Hauptargument für eine angeborene Universalgrammatik ist, dass für das Erwerbsproblem mit Blick auf Syntax keine andere Lösungsmöglichkeit vorstellbar sei (Chomsky 1975, 30ff).

Der Schweizer **Jean Piaget** (1896-1980) gilt als einer der großen Entwicklungspsychologen. Er war sich zwar mit Chomsky einig in der entschiedenen Ablehnung des Behaviorismus, kritisierte aber scharf dessen nativistische Position zum kindlichen Spracherwerb. Von Piaget gehen bis heute wichtige Impulse in alle Bereiche der modernen Erkenntnistheorie, der Kognitionswissenschaften und Psychologie aus. Grundanliegen war ihm die Frage, wie sich menschliche Erkenntnisfähigkeit herausbildet. Im Kern steht die als *Epigenese* bezeichnete Position, dass menschlicher Organismus und Umwelt ein System wechselseitiger Beeinflussungen bilden. Das Lernen des Organismus findet als konstruktiver Prozess aufgrund allgemeiner kognitiver Lernmechanismen statt. In diesem Zusammenhang spielen der von Piaget früh gebrauchte *Schemabegriff* und die Aktivität des *Konstruierens* (im Gegensatz zur Abbildung) von Wirklichkeit eine herausragende Rolle.
Kinder entwickeln nach Piaget in aufeinanderfolgenden Stadien Fähigkeiten, die jeweils als Grundlage für spätere Entwicklungsstufen dienen. Mit Blick auf den Spracherwerb geht Piaget davon aus, dass sich zuerst bestimmte allgemeine vorsprachliche Entwicklungsschritte ereignen müssen, bevor sich Sprache als zusätzliche Fähigkeit entwickeln kann. Das Kind bildet zunächst Schemata auf sensomotorischer Ebene, bevor es zu symbolischer Kommunikation in der Lage ist. Kleinkinder sind für Piaget zunächst egozentrisch, und sie entwickeln sich erst später ins Soziale. Auch der frühe Sprachgebrauch wird von Piaget noch als egozentrisch betrachtet. Dieser Auffassung hat der russische Psychologe **Lew S. Wygotski** (1896-1934) entschieden widersprochen, für den Sprache von Beginn an sozial ist und zudem das Denken nicht nur additiv ergänzt, sondern ihm eine neue Qualität verleiht; Denken und Sprechen werden in der Sprachentwicklung zu einem sprachlichen Denken verwoben. Die Konstruktion von Erkenntnis ist bei ihm von Beginn an eine soziale, keine individuelle Aktivität. Weder Piaget noch Wygotski halten jedoch die Annahme einer angeborenen Sprachfähigkeit für plausibel.

3.2 Das Kind als Prozessor

Sprache ohne Grammatik?

Doch es gibt andere, grammatisch weniger ‚hochgerüstete' Lösungsvorschläge. Chomskys Auffassung gegenüber steht z.B. eine Theorie von William O'Grady, die den Spracherwerb nicht primär als den

Erwerb grammatischer Strukturen deutet, obwohl das *Erwerbsproblem* und das *Poverty of the stimulus*-Argument in einem gewissen Sinn anerkannt werden. O'Grady räumt ein, dass es im Sprachgebrauch syntaktische Strukturen gibt, die man nicht ohne Weiteres durch Beobachtung, Hypothesenbildung und/oder Nachahmung erwerben kann. Das oben angesprochene Problem komplexer Fragesätze zählt er dazu. Trotzdem unterstellt er Babys kein angeborenes grammatisches Wissen. Komplizierte grammatische Strukturen müssen nämlich nicht zwangsläufig Strukturen sein, die schwer zu verarbeiten sind. An Beispielen zeigt er, dass das Gegenteil der Fall sein kann. Eine solche Annäherung an den Spracherwerb kommt etwas überraschend für LinguistInnen, die in der Regel mit mächtigen Beschreibungskategorien ausgerüstet sind. Für sie mag es geradezu provokant anmuten, dass O'Grady (2008) einen Aufsatz mit dem Titel *Language without Grammar* veröffentlicht hat.

In aller Kürze seine These: Gesprochene Sprache zeichnet sich dadurch aus, dass eine Auswahl an bedeutungsvollen Einheiten aus einem konzeptuellen System (der Einfachheit gehen wir hier von Wörtern aus, also einer Art Lexikon) beim Sprechen in lineare Abfolge gebracht werden muss (Linearisierungsprozess). D.h., eine erste Einheit muss mit einer zweiten verknüpft werden, die neue Verknüpfung mit einer nächsten Einheit und so fort. Damit diese Sätze eine Struktur aufweisen, die wir als ‚grammatisch korrekt' bezeichnen, wäre in vielen anderen Theorien ein kombinatorisches Verknüpfungssystem, genannt *Syntax* zuständig, das abstrakte syntaktische Regeln und grammatische Kategorien (und noch einiges mehr) enthält. Folgen wir O'Grady (2008, 140), benötigen wir für diese Aufgabe jedoch keineswegs ein grammatisch vorstrukturiertes Regelsystem (also auch keine Universalgrammatik im Sinne Chomskys). Denn grammatische Strukturen entstehen seiner Meinung nach im Linearisierungsprozess von selbst, im Laufe der Verkettung bedeutungsvoller Einheiten zu größeren Sequenzen. Nur das Verketten muss stattfinden können. Dies geschieht durch einen höchst einfachen, man könnte – auf Deacon schielend – sagen: ‚kinderleicht funktionierenden' Prozessor zum Verknüpfen von Einheiten, der nur wenigen Beschränkungen unterliegt: „However, unlike classic processors, it is entirely unconstrained by grammatical principles, obeying a single efficiency-related imperative that is independent of language – it must minimize the burden on working memory, the pool of ressources that supports operations on representations [...]". M.a.W.: Das Aneinanderreihen von Einheiten muss allein der Bedingung genügen, maximal effizient und sparsam mit den Ressourcen unseres Gehirns umzugehen. Ökonomie wäre demnach ein zentrales Prinzip. Das, was GrammatikerInnen als komplizierte, zum Teil hierarchisch angeordnete Strukturen in Sprachen entdecken, entstand im Laufe der Sprachevolution (man sagt auch: *emergiert*) als eine *sekundäre*, unbeabsichtigte Folge dieser einfachen, aber kapazitätssparenden Verknüpfungsoperationen.

Emergenz von Grammatik

Syntaktische Erscheinungen, die nicht ohne Weiteres aus dem Sprachgebrauch erlernbar sind, lassen sich in diesem Erklärungsansatz durch das an den Verknüpfungsmechanismus (*processor*) gestellte Ökonomiepostulat erklären. Wenn also Kinder, wie bereits erwähnt, im Englischen überraschenderweise das im Input vergleichsweise selten zu hörende Relativpronomen *himself/herself* früher erwerben als das eigentlich einfacher anmutende, zudem hochfrequente Personalpronomen *him/her* (O'Grady 1997), dann ist das durch die Charakteristik ressourcenschonender Verarbeitung motiviert: In *Netaya washes herself* bezieht sich *herself* auf eine unmittelbar vorgängig im selben Satz eingeführte, durch einen Eigennamen spezifizierte Referentin (*Netaya*), wogegen sich – wesentlich aufwändiger für das Arbeitsgedächtnis im Verarbeitungsprozess – *her* in *Netaya washes her* sich auf eine Referentin, z.B. *Marie*, bezieht, die irgendwann zuvor im Gespräch eingeführt worden ist (O'Grady 2005, 28ff; 2008, 159ff). Daher werden die Reflexivpronomen von Lernern als ‚einfacher' empfunden und früher erworben.

Wir können auf Einzelheiten dieses Vorschlags hier nicht weiter eingehen. Für uns wichtig ist, dass O'Grady – wie Chomsky – das syntaktische *Erwerbsproblem* bzw. das *Poverty of the stimulus*-Argument im Spracherwerb grundsätzlich anerkennt. Jedoch anders als Chomsky kommt sein Lösungsvorschlag ohne eine angeborene, komplexe innere Grammatik und ohne syntaktisch vorstrukturierte sprachspezifische Lernmechanismen aus. Vielmehr können auf Einfachheit und Ökonomie gerichtete Charakteristika der Sprachverarbeitung, die aufgrund eben dieser Einfachheit auch ‚kindgemäß' sind, selbst überraschend anmutende syntaktische Erwerbsdaten erklären. Auch das Problem, wie aus komplexen Aussagesätzen ‚korrekte' Fragesätze werden, kann O'Grady (2008, 155ff) lösen, indem er zeigt, dass der abweichend gebildete Satz (4) (s. S. 14) das Arbeitsgedächtnis im Verknüpfungsprozess so sehr belasten würde, dass er gar nicht erst gebildet wird. Dies gilt für den korrekt gebildeten Fragesatz nicht. M. a. W.: Nicht alles, was Kinder beherrschen, lernen sie aus Erfahrung, doch benötigt man zur Erklärung nicht zwingend die hochspekulative Annahme einer angeborenen Universalgrammatik. Phänomene, die durch den sprachlichen Input möglicherweise unterdeterminiert sind, lassen sich erklären, wenn man Eigenschaften des *Prozesses* der Sprachverarbeitung mit einbezieht. Grammatik *emergiert* in dieser Auffassung als sekundäres Phänomen aus Sprachverarbeitung und Sprachgebrauch, weswegen diese Auffassung auch zur Gruppe der *Emergenztheorien der Grammatik* zu rechnen ist. Verwandte Positionen werden in Hawkins (2004) und in MacWhinney (2004) vertreten. Und wer sich mit der Theorie O'Gradys nicht anfreunden kann, findet etwa in der *role and reference grammar* von van Valin eine weitere Lösung des Erwerbsproblems und eine Entgegnung auf das *Poverty of the stimulus*-Argument – gleichfalls unter Anerkennung des Argumentes, aber ohne die Annahme einer angeborenen UG.

3.3 Das Kind als Konstrukteur

Neben den Positionen Chomskys und O'Gradys gibt es eine Vielfalt von Lösungsversuchen für das Erwerbsproblem. Auf unterschiedliche Weise versuchen sie alle zu erklären, wie das Kind aufgrund von Äußerungen seiner Umgebung, also dem, was man den sprachlichen Input nennt, lexikalische Einheiten wie auch grammatische Kategorien und produktive Muster in seinem eigenen Sprachgebrauch herausbildet. Dazu gehören unter anderen der Behaviorismus, interaktionistische Ansätze, kognitive Erwerbstheorien, konnektionistische Erwerbstheorien, gebrauchsbasierte Theorien und konstruktionsgrammatische Ansätze.

Poverty of the stimulus – ein Artefakt?

Letztere werden gegenwärtig viel diskutiert. Michael Tomasello, als Vertreter eines gebrauchsbasierten und konstruktionsgrammatischen Ansatzes, lässt sich bereits von Chomskys Ausgangsargumentation zur Lernbarkeit von Sprachen wenig beeindrucken. Er bezweifelt, dass das *Erwerbsproblem* und das *Poverty of the stimulus*-Argument überhaupt einer psychologischen Realität im Spracherwerbsprozess entsprechen (Tomasello 2005, 7). Für ihn sind diese Probleme Artefakte, die erzeugt werden, wenn man auf den Spracherwerb aus der nativistischen Sicht von Chomskys spezifischer, *universalgrammatischer* Grammatikauffassung blickt. In *konstruktionsgrammatischer* Sicht verschwindet das Erwerbsproblem schlichtweg, so Tomasello. Für ihn lassen sich viele Rätsel im Spracherwerb dadurch lösen, dass Kinder sich von sprachlichen Umgebungsreizen und der Fülle denkbarer grammatischer Strukturen im Input nicht überfluten lassen, weil sie gezielt nach *bedeutungsvollen* Einheiten im Input suchen. Wenn das Kind eine bestimmte Anzahl solcher holistischer Einheiten kennengelernt und im Gedächtnis gespeichert hat, kann es Vergleiche vornehmen und Gemeinsamkeiten im Aufbau von Einheiten erkennen. Daraus konstruiert es zunächst teilabstrakte, später auch vollständig abstrakte Schemata, die ihm die Produktion neuer sprachlicher Äußerungen erleichtern. Voraussetzung ist, dass das Kind ganz allgemein Muster erkennen kann (Fähigkeit zur Mustererkennung), und dass es begreift, dass das Verhalten von Erwachsenen oft zielgerichtet ist und mit bestimmten Absichten einhergeht (Fähigkeit zur Intentionserkennung). Da dieser Typ von Spracherwerbstheorie betont, dass sprachliche Muster aus einzelnen Äußerungsvorkommnissen (*Items*) im Sprachgebrauch abstrahiert werden, wird er als *gebrauchsbasiert* bezeichnet (*usage-based*). Die Einheiten, von denen ausgegangen wird, bzw. die schematischen Muster, die das Kind nach und nach konstruiert, werden einer bestimmten Grammatikauffassung folgend *Konstruktionen* genannt, so dass auch von einer *konstruktionsgrammatischen* Spracherwerbstheorie gesprochen wird (s. Kap. 8).

Erwerb als gebrauchsbasierte Konstruktion

Auch die konstruktionsgrammatischen Theorien konturieren Spracherwerb als einen ‚kindgemäßen' Prozess und sehen das anfängliche kindliche Problem im Spracherwerb nicht darin, dass das Kind vor einem einschüchternden Berg abstrakter grammatischer Strukturen steht, den es nur bewältigen kann, wenn es von Beginn an bis an die Zähne mit angeborenem grammatischem Wissen bewaffnet ist. Kinder bauen Konstruktionen *gebrauchsbasiert* in überschaubaren Handlungsumfeldern allmählich auf, mit langsam zunehmendem Abstraktionsgrad und mit entsprechend eingeschränkter Produktivität und begrenzter Reichweite. Wir halten das für eine einleuchtende Position, denn Kinder zeigen auch in anderen Bereichen ein ähnliches Lernverhalten. Grammatik kann in einer solchen Sicht als Resultat der kindlichen Bemühungen gedeutet werden, die eigenen Erfahrungen mit Sprache nach und nach kognitiv zu organisieren (Bybee 2008, 216). Demnach scheinen uns konstruktionsgrammatische Erklärungsansätze eher als universalgrammatische zu der eingangs von Deacon ausgesprochenen Mahnung zu passen, wonach für Sprachen gilt: „children are the only game in town".

Aufgaben und Literaturvertiefung zu diesem Kapitel finden Sie unter http://www.daf-daz.uni-hannover.de/libac.html

4. Methoden in der Spracherwerbsforschung

Ziele des Kapitels

In diesem Kapitel werden die wichtigsten Methoden der Spracherwerbsforschung vorgestellt.

Warm-Up

Carpenter, Akhtar und Tomasello (1998) ließen 14 bis 18 Monate alte Kinder einen Erwachsenen beobachten, der zweiteilige Handlungen mit interessanten Resultaten ausführte. Er manipulierte bewegliche Teile an eigens konstruierten Holzkisten. Eine der beiden Handlungssequenzen wurde mit zustimmendem *So!* als absichtsvoll hervorgebracht kommentiert, die andere durch ein *Hoppla!* als zufällig und überraschend gekennzeichnet. Als Resultat konnten z.B. Lichter aufblinken. Die Reihenfolge der Sequenzen wurde systematisch variiert. Danach durften die Kinder versuchen, das Resultat der Handlungen selbst hervorzubringen. Dabei imitierten sie doppelt so viele absichtsvolle (intentionale) Handlungen der Erwachsenen wie zufällige.

4.1 Verfahren und Probleme

Kindersprache defizitär?

Der Beschreibung und Analyse des kindlichen Spracherwerbs kann man sich grundsätzlich auf zwei Weisen nähern. Einerseits kann man sich dem kindlichen Erwerb aus der Perspektive der Erwachsenen, ausgehend von der bereits entwickelten Sprachfertigkeit, rückwärtsgewandt zuwenden. Dies führt zu einer Betrachtungsweise, die das zu erwerbende Phänomen aus der Sicht der Erwachsenensprache als unreif, als defizitär beschreibt. Erst nach und nach ‚beseitigt' das Kind die Mängel auf den unterschiedlichen Erwerbsstufen, bis es in Augenhöhe mit Erwachsenen kommuniziert. Eine häufige Begleiterscheinung bei diesem Vorgehen ist, dass Kategorien der Erwachsenenkommunikation vorschnell an Teilphänomene herangetragen werden, die den tatsächlichen Verhältnissen in der Interaktion des Säuglings, vor allem in der vorsprachlichen Phase, selten gerecht werden. Erwachsene projizieren mehr in kindliche Lautäußerungen, als deren Entwicklungsstand entspricht.

Demgegenüber kann man sich der Kindersprache aber auch ohne Vorannahmen zuwenden und versuchen, den Verlauf des Erwerbsprozesses Schritt für Schritt aus sich heraus zu beschreiben und zu erklären. Dieses Vorgehen verzichtet auf Wissen, das aus der Analyse der Erwachsenensprache bereits verfügbar ist, und es wird versucht, linguistische Kategorien relativ zu dem jeweiligen Entwicklungsstand zu definieren. Dies ermöglicht Einsichten in die Funktionalität von Prozessen in der Kindersprache, die aus der Perspektive der Erwachsenensprache übersehen oder gering geschätzt werden könnten. Andererseits besteht die Gefahr, dass das Ziel der Betrachtung unklar bleibt, dass nicht hinreichend spezifiziert wird, was eigentlich beobachtet werden soll.

Grundsätzlich ist es immer problematisch, Ausschnitte der Kindersprache zu deuten. Die Aussage *ab!* eines Kleinkindes beim Anblick einer Mütze auf dem Kopf des Geschwisterkindes kann z.B. als Befehl interpretiert werden, die Mütze abzuziehen, oder als Wunsch, ihm die Mütze zu geben. Die Äußerung *Lischi* „Fläschchen" kann bedeuten, dass das Kind trinken möchte, dass es das Fläschchen haben möchte, dass das Fläschchen leer ist, dass jemand anderes trinkt – es kann also ein ganzer Handlungszusammenhang, ein Objekt oder ein Ereignis gemeint sein. D.h., es ist keineswegs klar, ob für *Lischi* eine Kategorie wie z.B. *Nomen* berechtigt verwendet werden kann. Bei Untersuchungen, ab wann das Kind welche Wortarten beherrscht, ist daher vor der Auswertung zu klären, nach welchen Kriterien man in der Kindersprache welche Kategorien unterscheiden will.

Haben Kinder Intentionen?

Grundlegend ist auch die Frage, ab wann ein Beobachter bei einem Kind absichtsvollen, d.h. intentionalen und bedeutungshaltigen Gebrauch von Lautkomplexen unterstellen kann. Ein Kleinkind kann im Verlauf seiner frühen Lautproduktionen in der Lallphase durchaus Gefallen an einer Lautfolge wie z.B. *Mama* finden, ohne im Geringsten zu intendieren, damit seine Mutter anzusprechen. Es ist jedoch naheliegend, dass die Mutter selbst rasch dazu neigen wird, hier einen absichtsvollen Gebrauch zu unterstellen. Manche Theoretiker haben daher vermutet, dass solche Unterstellungen den Erwerb von Bedeutungen überhaupt erst verursachen. Auch wenn es sich nur um ‚Intentionalität und Kommunikation im Auge des Betrachters' handelt, werde so die Bedeutung von sprachlichen Mustern sozial konstruiert.

Wenn es darum geht, die Beobachtungen festzuhalten, sind auch heute *Tagebuchaufzeichnungen* noch grundsätzlich üblich, da sie mit dem unschätzbaren Vorteil verbunden sind, dass die Eltern die situative Bedeutung kindlicher Vokalisierungen gut einschätzen können. Allerdings tendieren gerade Eltern dazu, die Kinderdaten in Kategorien der Erwachsenensprache zu fassen. Für Tagebuchaufzeichnungen spricht jedoch, dass sich der Aufwand in überschaubaren Grenzen hält, wenn man vorab vereinbarte standardisierte Vorgaben berücksichtigt.

Mit dem Aufkommen von *elektronischen Aufzeichnungsverfahren* (zunächst Tonband, später Video) erweiterten sich die Möglichkeiten der Datenerhebung. Allerdings bedarf es ausgeklügelter Aufnahmestrategien, um eine ungezwungene Atmosphäre herzustellen, da Kinder rasch merken, wenn sie im Mittelpunkt des Geschehens stehen und die Erhebung dadurch verfälscht wird. Nur spontane sprachliche Äußerungen können als Grundlage für spätere Hypothesen über die Gesetzmäßigkeiten des Spracherwerbs herangezogen werden.

Entscheidet man sich für audiovisuelle Datenerhebung, ist ein genau definierter Zeitraum zu bestimmen, innerhalb dessen aufgezeichnet werden soll, ferner muss zuvor festgelegt werden, zu welchen Zeitpunkten und in welchen *Intervallen* (wie oft pro Woche oder am Tag) die Geräte laufen. Nach Möglichkeit sollten die Aufnahmen immer in derselben Umgebung stattfinden. Besonders ergiebig sind *Längsschnittstudien*, in denen ein Kind oder eine nach bestimmten Kriterien ausgewählte Stichprobe über mehrere Monate oder Jahre beobachtet wird. Eine Alternative stellen *Querschnittstudien* dar, in denen für verschiedene Altersstufen jeweils ausgewählte Stichproben von gleichaltrigen Kindern zu einem Zeitpunkt untersucht werden. Die Auswertung solcher Daten, die zunächst transkribiert werden müssen, ist mit erheblichem Arbeitsaufwand verbunden und sollte von geschulten Kräften durchgeführt werden.

4.2 CHILDES

Vergleichbarkeit von Kindersprachdaten

Welche Daten ausgewählt werden und welche Sicht auf den Spracherwerbsprozess eingenommen wird, hängt in hohem Maß von der linguistischen Theorie und dem grammatischen Beschreibungsinstrument ab, die auf Seiten des Beobachters bevorzugt werden. Jede Erhebung von Kinderdaten ist daher ebenso wie der Transkriptionsprozess von Anbeginn theorieabhängig und ein interpretativer Prozess. Ein großes Problem ist daher die theoretisch und methodisch bedingte Unvereinbarkeit der Daten aus verschiedenen Studien, die einen Vergleich der Ergebnisse erschwert. Einen Meilenstein stellt das internationale Projekt CHILDES (MacWhinney 1991) dar, mit dessen Hilfe Kindersprachdaten in verschiedenen Einzelsprachen nach einheitlichen Vorgaben erhoben und mit einem standardisierten, computergestützten Transkriptionssystem (CHAT) verschriftlicht werden.

CHILDES

CHILDES ist die Abkürzung für „**Chi**ld **L**anguage **D**ata **E**xchange **S**ystem". Dahinter verbirgt sich ein Online-Datenbanksystem, das im Jahr 1984 an der Carnegie Mellon University in Pittsburgh, Pennsylvania entwickelt wurde und mehr als 130 Korpora und 1500 Artikel enthält. Zu den Korpora gehören sowohl Transkripte als auch Videoaufnahmen von Gesprächen mit jüngeren Kindern in verschiedenen Sprachen. Unter einem „Transkript" versteht man in der Gesprächsanalyse die Verschriftlichung von natürlicher Sprache, die durch Tonband- oder auch Videoaufnahmen festgehalten wurde. Ausführliche Transkripte enthalten sowohl sprachliche Äußerungen mit Markierung von Pausen und Überlappungen, als auch nonverbale Kommunikationssignale. Aus diesem Grund erfordert das Transkribieren ein spezielles Schriftsystem, das die verschiedenen Ebenen von Kommunikation beschreibbar macht. Dadurch ist die Anfertigung eines Transkripts anspruchsvoll und zeitaufwändig. Gleichzeitig sind Transkripte jedoch die präziseste und zuverlässigste Quelle bei der Erforschung sprachlicher Phänomene, da sie diese in mehreren Dimensionen greifbar und vergleichbar machen.

Die Transkripte der CHILDES-Datenbank sind in einem einheitlichen, speziell dafür entwickelten Dateiformat, CHAT, geschrieben. Das CHAT-Format steht für „**C**odes for the **H**uman **A**nalysis of **T**ranscripts“ und ermöglicht es, die Transkripte anhand einer Computersoftware nach ausgewählten Kriterien zu durchsuchen. Ein Transkript im CHAT-Format besteht im Wesentlichen aus drei Komponenten: Dem Transkriptkopf, in dem jede Zeile mit einem „@“-Zeichen beginnt, der Markierung für Gesprächsteilnehmer durch ein „*“-Zeichen und drei Großbuchstaben, und der Kennzeichnung von nonverbaler Kommunikation und Erläuterungen durch ein „%“-Zeichen und drei kleine Buchstaben.

Hier ein Beispiel für einen Transkriptkopf:

```
@Begin
@Languages:      de
@Participants:   CHI Caroline Target_Child, MOT Katharina Mother
@ID:             de|Caroline|CHI|0;10.01||||Target_Child||
@ID:             de|Caroline|MOT|||||Mother||
@Date:           31-JUL-1988
@Tape Location:  Cassette 1, Side A
@Situation:      MOT und CHI in der Kueche
```

Aus dem Transkriptkopf erfährt man unter anderem, in welcher Sprache sich die Teilnehmer unterhalten, wie diese heißen, wie ihre Namen im folgenden Gespräch abgekürzt werden, das Alter des Kindes (*Jahr; Monat. Tag*) und schließlich wo und wann das Gespräch aufgenommen wurde.

Beispiel eines Gesprächstranskripts:

```
*MOT:   ja (1.) hast du den Mund schon wieder voll (4.) .
*MOT:   hast du schon wieder den ganzen Zwieback verputzt (13.) .
%gpx:   CHI atmet schwer .
*MOT:   guck mal da hab ich alles wieder hingestellt (3.) .
*CHI:   bu (2.) .
%gpx:   pruste .
%sit:   Geraschel .
*MOT:   dis darfst de nicht (.) .
*MOT:   dis gehoert dem Hassan (.) .
%sit:   Geraschel, es faellt etwas um .
```

Pfad für das Transkript in WebCLAN:
Childes/Germanic/German/Caroline/88-07-31.cha

Auf den ersten Blick sieht man, dass es offenbar Symbole gibt, die in die Äußerungen der Gesprächsteilnehmer, also „*MOT“ und „*CHI“, eingebunden werden können. In diesem Fall sind es eingeklammerte Zahlen mit Punkten, welche die Länge einer Gesprächspause in Sekunden darstellen. Es gibt jedoch noch zahlreiche andere Symbole, mit denen sprachliche Besonderheiten auf Wortebene systematisiert werden können. Der Autor des Transkripts hat darüber hinaus die Möglichkeit, unter dem eigentlichen Gesprächsbeitrag eine Zeile einzufügen, in der Handlungen oder Kommentare Platz finden. Diese werden durch das „%“-Symbol und einem Code aus drei kleinen Buchstaben gekennzeichnet. Die Buchstaben geben an, um welche Zusatzinformation es

sich genau handelt; „%gpx“ beispielsweise bedeutet, dass die Beschreibung einer speziellen Handlung folgt, „%sit“ heißt, dass eine Information folgt, die sich auf die besondere Situation bezieht, in der sich die Gesprächsteilnehmer gerade befinden. – Das CHAT-Format kennt eine große Anzahl von Kodierungen für verschiedenste sprachliche Besonderheiten, die unter „Manuals“ auf der Website von CHILDES ausführlich dokumentiert sind:
(http://childes.psy.cmu.edu/manuals/chat.pdf).
Diese aufwändige Verschlüsselung der Transkripte in der CHILDES-Datenbank ermöglicht es, die Transkripte in der Datenbank systematisch zu durchsuchen. Dazu gibt es CLAN (*Computerized Language Analysis*), eine Software, die auf der Homepage von CHILDES kostenlos zum Download angeboten wird. Die Installationsanleitung für CLAN kann ebenfalls unter „Manuals“ auf der CHILDES-Homepage eingesehen werden.

4.3 Elternfragebogen und Experiment

Eine weitere, recht ökonomische Methode, Kinderdaten zu erheben, ist der *Elternfragebogen*. Hier legt man Eltern Listen von Wörtern oder Äußerungen unterschiedlicher Form und Komplexität vor, wobei Daten aus bereits durchgeführten Erwerbsstudien berücksichtigt werden. Aufgabe der Eltern ist es, anzugeben, welche davon ihr Kind bereits rezeptiv und/oder produktiv beherrscht. Bekannt für Erhebungen zum kindlichem Wortschatz ist das MacArthur Communicative Development Inventory (CDI), mit dem anhand von über 600 Items, die nach semantischen Kriterien geordnet sind, der je altersgemäße kindliche Wortschatz in großen (englischsprachigen) Stichproben erhoben wurde (Fenson, Bates, Tal und Pethick 1994). Mit dem CDI konnte z.B. sichtbar gemacht werden, dass es erhebliche Unterschiede im Wortschatz gleichaltriger Kinder geben kann. Auch konnte gezeigt werden, dass die Erwerbskurven bei Kindern mit Blick auf den Wortschatzerwerb recht unterschiedlich verlaufen. Solche Ergebnisse sind bedeutsam, da ein enger Zusammenhang zwischen dem Wortschatzerwerb und der Grammatikentwicklung bei Kindern vermutet wird. Für das Deutsche hat Szagun mit FRAKIS einen Elternfragebogen entwickelt, der außer dem Wortschatz auch grammatische Fähigkeiten abfragt.

In jüngerer Zeit gewinnt das *Experiment* in der Spracherwerbsforschung zunehmend an Bedeutung. Bei einem sorgfältig angelegten Untersuchungsdesign erlaubt das Experiment die Kontrolle verschiedener Faktoren und kann gezielt Entscheidungen bei klar definierten Fragestellungen herbeiführen. Etwa kann man in einer experimentellen Situation für kindliche Versuchspersonen neue, bisher unbekannte einzelne Spielgegenstände einführen, die durch gleichfalls neu eingeführte Kunstwörter benannt werden (*Dies ist ein Ensch*). Das Kind erhält die Aufgabe, die Kunstbezeichnungen mit einer Pluralform zu versehen, wenn mehrere Gegenstände gleicher Art gleichzeitig präsentiert werden (*Oh sieh mal, da sind ja drei* ___). Da man die Lautstruktur der Kunstwörter systematisch variieren kann (*Dies ist ein Laum; Oh, sieh mal, da sind ja drei___*), kann man auch Aufschluss über die Verwendung bzw. Verteilung von verschiedenen Pluralmorphemen in Abhängigkeit von der Lautstruktur der Wörter, die zur Benennung der neuen Gegenstände verwendet werden, erlangen.

Entwicklung von Pluralformen bei Caroline

1;00.19: muh [Kuh] → **1;10.26:** dühe/tühe/gühe. [Kühe] → **1;10.28:** dühn [Kühen]

1;03.20: be/baby (Baby) → **1;09.06:** Babies

1;06.01: mäh [Schaf] → **1;10.27:** safen [Schafe]

Bei Säuglingen und sehr kleinen Kindern, die noch vorsprachlich agieren, ist das Experiment häufig die bevorzugte Methode, da sie in diesem Alter noch nicht angemessen auf sprachliche Instruktionen und Gesprächsbeiträge reagieren können. Klann-Delius (2008, 16ff), der wir hier folgen wollen, unterscheidet im Wesentlichen drei methodologische Verfahren.

Präferenzparadigma: Kleine Kinder sind in der Lage, neue Gegenstände mit Blicken zu erfassen und längere Zeit zu fixieren. Präsentiert man ihnen mehrere Gegenstände gleichzeitig, werden sie diese jeweils unterschiedlich lange fixieren. Zeigt man dem Kind verschiedene Gesichter, darunter das der Mutter, kann man durch Messen der jeweiligen Fixationsdauer herausfinden, ob es das Gesicht der Mutter gegenüber fremden Gesichtern präferiert. Auch ist eine längere Fixation ein Hinweis darauf, dass es überhaupt in der Lage ist, Gesichter zu unterscheiden. Weiß man, dass das Kind Gesichter unterscheiden kann, kann man unterschiedliche (fremde) Gesichter mit verschiedenen Stimmen reden lassen, eines davon z.B. mit der Stimme der Mutter. Blickt das Kind häufiger oder länger auf dieses Gesicht, darf angenommen werden, dass es eine Präferenz für die Stimme der Mutter hat.

Habituationsparadigma: Ob Kinder den Unterschied zwischen dargebotenen Reizen erkennen oder nicht, kann man auch mit einem anderen Verfahren herausfinden. So kann es z.B. interessant sein festzustellen, ab welchem Alter Kinder bestimmte Sprachlaute unterscheiden können. Kinder reagieren in der Regel mit einer gewissen Aufgeregtheit auf alles Neue in ihrer Umgebung, das sich aus dem Strom des gewohnten Erlebens abhebt. Säuglinge haben ein angeborenes Saugverhalten. Die Saug-(oder auch Nuckel-)rate des Kindes steigt in dem Moment an, wo es Neues entdeckt. Stattet man den Säugling mit einem speziellen elektronischen Schnuller aus, kann man Anstiege der Saugaktivität über die Frequenz der Nuckelrate messen. Wird ein Reiz längere Zeit gleichförmig dargeboten, tritt

Saug- oder Nuckelrate

Gewöhnung ein (Habituation), und die Saugfrequenz sinkt wieder ab. Spielt man z.B. dem Kind in längerer Abfolge den Konsonanten [b] vor, der allmählich physikalisch zu einem [p] transformiert wird, tritt irgendwann der Punkt auf, wo die Nuckelrate ansteigt. Dies ist ein Hinweis darauf, dass das Kind die beiden Konsonanten diskriminiert. Wenn das Kind erst ab einem bestimmten Punkt die schleichende Veränderung des Reizes wahrnimmt, ist das wiederum ein Indiz dafür, dass das Kind Sprachlaute kategorial wahrnimmt (was sie tatsächlich tun; vgl. Jusczyk et al. 1998; Eimas et al. 1971).

Überraschungsparadigma: Will man herausfinden, ob kleine Kinder bereits mit Vorerwartungen und Voreinstellungen Reize der Umwelt aufnehmen, nutzt man das sog. Überraschungsparadigma. Man bietet Reizkonstellationen an, die von den erwartbaren Reizkonstellationen abweichen und misst (z.B. über die Nuckelrate) den Überraschungseffekt. So reagieren Kinder erstaunt, wenn in einer Filmsequenz mit der Mutter oder bei Darbietung eines Fotos der Mutter aus deren Mund plötzlich nicht ihre eigene, sondern eine fremde Stimme ertönt, oder wenn die Stimme der Mutter von der Seite eingespielt wird. Aus solchen Experimenten kann z.B. geschlossen werden, dass Kinder bereits bestimmte Schemata an die Erfahrung herantragen.

Aufgaben und Literaturvertiefung zu diesem Kapitel finden Sie unter http://www.daf-daz.uni-hannover.de/libac.html

5. Das Haus der Stummen. Kleine Wissenschaftsgeschichte der Spracherwerbsforschung

Ziele des Kapitels

In diesem Kapitel werden die wichtigsten Ursprungslinien aktueller Diskussionen der Spracherwerbsforschung nachgezeichnet. Zentrale Annahmen von Behaviorismus und Nativismus werden vorgestellt und kritisch betrachtet. Chomskys Kritik am Behaviorismus sowie seine Theorie der Universalgrammatik und deren Entwicklung seit 1965 wird in groben Zügen skizziert.

Warm-Up

Sehr früh versuchte der indische Großmogul Akbar der Große (1542-1605) die Behauptung zu belegen, dass Kinder ohne Kontakt zu anderen sprechenden Personen nicht in der Lage seien, eine Sprache zu erwerben. Wie von H. Beveridge (1897-1910, 581f; abgedruckt in Crystal 1995, 228) dokumentiert, findet man in der Akbarnama von Abu-I-Fazi 'Allami folgende ,Versuchsanordnung' beschrieben:

„Da nun manche, die das hörten, ihm keinen Glauben schenkten, ließ er, um sie zu überzeugen, an einem Platz, wohin kein Laut der Bildung und Gesittung dringen würde, ein serai [Villa] erbauen. Die Neugeborenen wurden an diesen Ort der Prüfung gebracht und von ehrlichen und tatkräftigen Wachen nicht aus den Augen gelassen. Eine Zeit lang durften stumme Ammen zu ihnen. Da sie die Tür der Sprache geschlossen hatten, nannte man den Ort gewöhnlich Gang Mahal (Haus der Stummen). Am 9. August 1582 ging Akbar auf die Jagd. Die Nacht verbrachte er in Faizabad, und am nächsten Tag besuchte er mit ausgewählten Dienern das Haus des Experiments. Kein Schrei drang aus jenem Haus der Stille, und keine Rede war zu vernehmen. Obwohl die Kinder mittlerweile vier Jahre zählten, waren sie des Talismans der Sprache nicht teilhaftig geworden, und kein Laut, nur die Geräusche der Stummen kamen von ihnen."

5.1 Frühe Ansätze bis zum Behaviorismus

Seit Akbar dem Großen hat sich im methodologischen Zugang zur Sprache von Kindern zum Glück einiges geändert. In der Geschichte der Disziplin gibt es eine Reihe von älteren Arbeiten, die jedoch meistenteils in allgemeinere, sprachhistorische Fragestellungen eingebettet waren, wie der Frage nach der grundsätzlichen Genese menschlicher Sprachen (vgl. Klann-Delius 2008, 10ff). Frühe Versuche, die den Erwerb selbst in den Blick nehmen, wie etwa die Arbeit des Marburger Philosophen Dietrich Tiedemann zur „Entwicklung der Seelenfähigkeit bei Kindern" (1787), wurden in ihrer Tragweite, vor allem für eine entwicklungspsychologische Theoriebildung, von Zeitgenossen nicht erkannt und es dauerte beinahe ein Jahrhundert, bis das Thema erneut aufgegriffen wurde. Tiedemann hatte eine erste Fallstudie seines Sohnes durchgeführt und wichtige Einsichten in die unterschiedlichen Funktionen frühkindlicher Äußerungen gewonnen. Tiedemann beobachtete den Übergang von Lautäußerungen des Kindes, die in erster Linie dem Ausdruck von Hunger oder Unwohlsein dienten, hin zu interaktiven Verhaltensweisen, die darauf hinwiesen, dass bereits ein erstes Verstehen der Eltern beim Kind aufkeimte. Im Fortgang der sprachlichen Entwicklung des Sohnes trat ein Zusammenhang zwischen zunehmender Komplexität kindlicher Äußerung und der Entwicklung verstandesmäßiger Urteilsfähigkeit zutage. Die wechselseitige Beeinflussung zwischen Kognitionsentwicklung und Sprachentwicklung sollte später zu einem zentralen Thema in der Entwicklungspsychologie und in der Spracherwerbsforschung werden, unter anderem bei dem Schweizer Entwicklungspsychologen Jean Piaget (s. Kap. 2.1).

Zusammenhang von Sprache und Kognition

Aus medizinischer und psychologischer Sicht existieren schon im 18. Jahrhundert, so z.B. mit dem Buch „Die Seele des Kindes" (1882) von William Preyer, erste einflussreiche Versuche, die Sprachentwicklung in eine allgemeine Beschreibung der kindlichen Biographie einzubetten. Diesen Arbeiten liegen detaillierte Fallstudien am eigenen Kind zugrunde, verknüpft mit einer beachtenswerten Reflexion der Methodik. Etwa forderte Preyer, dass Beobachtungen sofort aufzuzeichnen seien, dass das Kind nicht merken dürfe, dass es beobachtet wird, und dass die Zeiten, zu denen beobachtet und protokolliert wird, festzusetzen seien. Ferner unterschied er zwischen der *Produktion* von Äußerungen und dem *Verstehens*aspekt, der wesentlich schwieriger zu beobachten ist. Schließlich sind bei ihm Vorschläge zu finden, wie man durch Beobachtung gewonnene Hypothesen durch eine systematische Variation der Kommunikationssituation, in der das Kind beobachtet wird, überprüfen kann – ein Vorgehen, wie es für die spätere experimentelle Psychologie kennzeichnend ist. In seinen theoretischen Aussagen ging es Preyer um den Nachweis, dass die Entwicklung des Verstandes (das Denken des Kindes) der Entwicklung des Sprechens voranginge: „Nicht weil er sprechen gelernt hat, denkt der Mensch, sondern er lernt sprechen, weil er denkt" (Preyer 1900, 244). Dies ist eine auch heute nach wie vor aktuelle, allerdings kontrovers diskutierte Themenstellung. Preyer entscheidet sich im Einklang mit dem von ihm vertretenen *Intellektualismus* zugunsten der *Reifungshypothese*. Entsprechend kreisen seine Überlegungen immer wieder um das Verhältnis zwischen Hirnreifung,

Verstandesentwicklung und Sprachentwicklung. Sprachentwicklung benötige, so Preyer, ein weitgehend ausgereiftes Gehirn. Je länger es sich in der Wachstumsphase befinde, desto leistungsfähiger zeige sich das Gehirn später in Fragen logischer Operationen und abstrakten Denkens. Seine Beispiele sind bisweilen unglücklich gewählt: Da der Einsatz der Sprachentwicklung, so Preyer, bereits den Endpunkt des Hirnwachstums einläute, sei es verständlich, dass Mädchen, die in der Regel früher mit dem Sprechen einsetzen, später eine geringere kognitive Leistungsfähigkeit aufwiesen. Nicht zuletzt diese abstruse Schlussfolgerung, die mit dem Hinweis garniert wurde, dass sowohl er selbst wie auch sein Sohn recht spät mit dem Sprechen begonnen hätten, macht verständlich, warum die Arbeiten Preyers auf die spätere Entwicklungspsychologie keinen nachhaltigen Einfluss behielten.

Als Meilenstein der Spracherwerbsforschung kann das Buch von Clara und William Stern „Die Kindersprache. Eine psychologische und sprachtheoretische Untersuchung“ (1907) angesehen werden. Das theoretische Umfeld hierfür wurde vorbereitet durch den Psychologen Wilhelm Wundt (1832-1920), der heute als Begründer der experimentellen Psychologie gilt, allerdings gleichzeitig die Methode der Introspektion in wissenschaftliche Bahnen lenkte. Bei Wundt tritt als Leitthema gleichfalls die Fragestellung in den Vordergrund, ob sich die Sprachentwicklung durch Reifung entfalte oder ob es sich dabei um einen allmählichen Lernprozess handele. Auch er nimmt die eigenen Kinder in den Blick; wie vor ihm Preyer erkennt er unterschiedliche Phasen in der frühkindlichen Sprachentwicklung. Wundt weist bereits eindringlich darauf hin, dass etwa die lautliche Begleitung von Gemütszuständen und erste lautliche Imitationen in der Frühphase nicht mit dem Ziel erfolgen, den späteren, eigentlichen Spracherwerb vorzubereiten. Vielmehr handelt es sich dabei um Verhaltensweisen eigenen Ursprungs, die sich jedoch später förderlich beim Spracherwerb bemerkbar machen. Wundt betont vor allem nachahmende Momente in der Kindersprache und kommt insgesamt zu der These, dass es sich beim Spracherwerb wesentlich um einen Lernprozess, nicht um einen Reifungsprozess handele. Die Nachahmung der Erwachsenensprache diene dabei in erster Linie dem Ausdruck von Affekten und der Befriedigung von Begierden, werde also durch das Wollen verursacht. Diese Position wurde im Gegensatz zu dem von Preyer vertretenen *Intellektualismus* als *Voluntarismus* bezeichnet und von Schülern Wundts fortentwickelt. Nicht die Reifungsprozesse des Verstandes, sondern Willenskräfte sind hier primärer Antrieb im Spracherwerb.

Spracherwerb und Affekte

Weder *intellektualistisch* noch *voluntaristisch* in diesem Sinn kann die Position des erwähnten Ehepaars Stern bezeichnet werden. Wundt werfen sie eine Überbetonung der Imitationsanteile im Spracherwerb vor. Am Beispiel von detaillierten und über Jahre bei den eigenen Kindern erfolgten Tagebuchaufzeichnungen arbeiten sie heraus, dass es sich bei der kindlichen Sprache um ein eigenständiges Gebilde handelt, das aus sich heraus zu begreifen und nicht vorschnell an der Messlatte der Erwachsenensprache zu bewerten ist. Noch bei Preyer wurde eine Sicht der Kindersprache als defizitärer Erwachsenensprache vertreten, eine Sicht, die konstruktive und kreative Anteile im Spracherwerb vernachlässigt. Zudem hat das Ehepaar Stern frühzeitig erkannt, dass der Spracherwerb des Kindes weder ausschließlich als außengesteuerter Lernprozess, noch nur als von innen getriebener Prozess der Entfaltung von im Kind angelegten Kräften und Motiven zu sehen ist, sondern erst im Wechselspiel beider Prozesse zu verstehen ist. Damit überwinden sie die auf Nachahmung setzende Einseitigkeit in der ansonsten recht komplex ausgeführten Spracherwerbstheorie von Wundt, ohne in eine intellektualistische Position zurückzufallen.

5.2 Behaviorismus und Kritik

nurture vs. nature

Mit den Begriffen der *Reifung* (Preyer) und des *Lernens* durch Nachahmung (Wundt) wird im Grunde bereits die Bühne bereitet für eine theoretische Kontroverse in der Spracherwerbsforschung, die bis heute andauert und die mit dem begrifflichen Gegensatzpaar *nurture* vs. *nature* konturiert wird. Obwohl sich in der eher auf Ausgleich bedachten Position des Ehepaars Stern bereits Hinweise finden, dass es sich dabei keinesfalls um einen unversöhnlichen Gegensatz handeln muss, tritt im Gefolge neu erstehender, rivalisierender Theorien in der Psychologie (Behaviorismus, Kognitionspsychologie) und in der Linguistik die Frage in den Vordergrund, ob der Spracherwerb in erster Linie durch Umfeld und Erziehung (*nurture*) oder durch Anlage, also genetische Programmierung (*nature*) zu erklären sei. Philosophisch lassen sich dahinter unterschiedliche erkenntnistheoretische Traditionslinien ausmachen. Nimmt man an, dass Lernprozesse ausschließlich aus Beobachtbarem resultieren, steht diese Auffassung in der Tradition des *Empirismus*. Wenn davon ausgegangen wird, dass im Geiste bereits vorhandene Strukturen den Lernprozess steuern, stünde diese Annäherung in der Tradition des *Rationalismus*.

Empirismus ist ein philosophischer Begriff, der eine bestimmte *erkenntnistheoretische* Position bezeichnet. Die Erkenntnistheorie beschäftigt sich damit, *wie* Menschen Wissen erwerben bzw. zu Erkenntnis gelangen. Der Empirismus behauptet, dass alle Erkenntnis primär durch die *Erfahrung* gegeben ist. Hauptvertreter ist John Locke (1632-1704), der annimmt, dass der Mensch als unbeschriebenes Blatt (*tabula rasa*) geboren wird, das durch die Erfahrung erst beschrieben wird. Dem Empirismus wird i. d. R. die erkenntnistheoretische Position des *Rationalismus* entgegengesetzt. Der **Rationalismus** behauptet, dass primär die *Vernunft* anstatt der Erfahrung die Quelle unserer Erkenntnis ist. Ein Hauptvertreter des Rationalismus ist René Descartes (1596-1650), der im Zusammenhang mit der vernunftgeleiteten Erkenntnis *angeborene Ideen* annahm. Chomsky stellt sich in diese Tradition und postuliert mit seiner Theorie der Universalgrammatik ein angeborenes sprachliches Wissen, das nicht aus der Erfahrung gewonnen wird. Die Annahme angeborener Ideen bzw. angeborenen Wissens wird auch **Nativismus** genannt. Insofern dieses Wissen als im Geist bzw. Verstand (lat. *mens*) angesiedelt gedacht wird, ist der Nativismus eine Variante des **Mentalismus**. Es gibt aber auch theoretische Positionen, die mentales Wissen postulieren, das nicht angeboren ist, sondern im Zusammenspiel von Wahrnehmungsmechanismen des Organismus und Erfahrungsdaten erst **konstruiert** wird.

Reiz-Reaktions-Lernen

Zunächst schlug das Pendel stark zugunsten des *Empirismus* aus: Der *Behaviorismus* vertrat in der ersten Hälfte des 20. Jahrhunderts konsequent die Position, dass Sprache ausschließlich durch Lernprozesse, auf der Grundlage von beobachtbaren Reizen, den Äußerungen in der kindlichen Umgebung, erworben wird. Ausgehend von Nordamerika begann der Siegeszug dieser Wissenschaft vom Verhalten des Menschen mit dem Ziel, ohne die als vage empfundenen Begrifflichkeiten der bis dahin vorherrschenden Bewusstseinspsychologie bzw. Tiefenpsychologie auszukommen. In einer der wichtigsten Publikationen jener Zeit, „Psychology as the Behaviorist Views it" (1912), nennt der Begründer des Behaviorismus, John Broadus Watson, explizit *Bewusstsein, Empfindung, Wahrnehmung, Aufmerksamkeit, Vorstellung, Wille* als nicht wissenschaftlich definierbare Begriffe.

In Russland hatte Iwan Pawlow in Tierversuchen vorgeführt, dass man eine physiologische Reaktion eines Hundes (Speichelfluss), die bei der Darbietung von Futter (Reiz) ausgelöst wird, auch nur durch einen Glockenton (neutraler Reiz) verursachen kann. Voraussetzung ist, dass der Glockenton über eine bestimmte Zeitspanne wiederholt immer dann ertönt, wenn Futter angeboten wird. Anschließend genügt der Glockenton auch ohne Futterdarbietung für die Auslösung des Reflexes (Speichelfluss) und wird so zum konditionierten Reiz. Watson sah sich durch diese Experimente in seiner Überzeugung bestärkt, dass auch das Verhalten des Menschen ausschließlich über die Beobachtung von Reizen und den darauf folgenden, durch die vorgängigen Reizkonstellationen determinierten Reaktionen beschrieben und erklärt werden könne. Die Psychologie sollte so zu einer streng empirischen Wissenschaft gemacht werden, die an methodischer Strenge den Naturwissenschaften in Nichts nachstünde.

In einer höchst fragwürdigen, über mehrere Monate andauernden Versuchsreihe an einem neun Monate alten Jungen, der als „Little Albert" traurige Berühmtheit in der Psychologiegeschichte erlangte, demonstrierte Watson zusammen mit Rosalie Rayner die Methode des Konditionierens am Menschen. Immer wenn der kleine Junge eine weiße Ratte, die er streicheln wollte, berührte, verursachte der Experimentator ein für Albert sehr unangenehmes lautes Geräusch, das bei ihm Furcht auslöste. Die Folge war, dass der Junge fortan mit Furcht auf den Anblick der Ratte, nach Variationen im Versuchsaufbau auch auf den Anblick anderer Tiere und schließlich sogar pelziger Materialien reagierte. Obwohl die Versuchsreihe erhebliche methodische Mängel aufwies, sah sich Watson in seiner Auffassung bestärkt, dass es beliebig möglich ist, jemanden auf ein bestimmtes Verhalten zu konditionieren. Der Mensch wurde zur *tabula rasa* erklärt, die erst durch Umwelt und Erfahrung in systematisch analysierbarer Weise ‚beschrieben' wird. Vorgänge im Kopf oder in der Psyche spielen keine Rolle bei Verhaltenserklärungen; Kopf und Psyche werden als methodologisch nicht zugängliche *black box* behandelt. Bald begann man, auch den Spracherwerb in Begriffen von verstärkten Stimulus-Reaktions-Lernprozessen zu beschreiben, bis schließlich Burrhus Frederic Skinner mit seinem Buch „Verbal behavior" (1957) eine umfassende Theorie des Spracherwerbs vorlegte. Sprachliches Verhalten wird dabei nach den gleichen Prinzipien erklärt, wie anderes Verhalten auch – sei es beim Menschen oder anderen Lebewesen, wie z.B. Tauben oder Ratten, den bevorzugten Versuchsobjekten des Behaviorismus.

Verbal behavior

Kerngedanke Skinners ist, dass vergangene und gegenwärtige Umgebungsereignisse Verhalten auslösen, das mit Konsequenzen einhergeht. Diese wirken wiederum zurück auf denjenigen, der das Verhalten gezeigt hat. Auf den Spracherwerb bezogen heißt das in stark vereinfachter Form, dass Kinder Laute oder Lautfolgen imitieren oder selbständig äußern (z.B. *Mama*) und dadurch – in der Regel in Form euphorischer Reaktionen – Konsequenzen bei der Mutter auslösen. Diese wirken verstärkend auf das Kind zurück, das fortan in Anwesenheit der Mutter erneut mit der gleichen Lautäußerung reagiert. Es hat mithin den Gebrauch von *Mama* im Deutschen erworben. Die Häufigkeit des Auftretens von Lautäußerungen entscheiden darüber, wann welche sprachlichen Einheiten erworben werden. Nach und nach werden immer mehr und auch größere Einheiten auf diese Weise erlernt. – Mit der Betonung der Umwelt ist Skinner als ein konsequenter Vertreter der *nurture*-Position zuzuordnen.

5.3 Chomskys Kritik und seine Gegenvorschläge

Beim Erscheinen von Skinners „Verbal behavior" hatte sich indes bereits ein gewisser Unmut in Psychologie und Nachbarwissenschaften gegen den immer stärker um sich greifenden Behaviorismus entwickelt, nicht zuletzt wegen des darin enthaltenen mechanistischen Menschenbildes, das den Menschen als ein ausschließlich durch Umgebungseinflüsse geformtes Objekt interpretiert, das nach Belieben durch Konditionierungsmechanismen zu manipulieren ist. In zahlreichen pädagogischen Kontexten hatten sich bereits entsprechende Konditionierungstechniken niedergeschlagen, etwa in Form des in den 60er Jahren populären *programmierten Unterrichts* oder in den *Pattern-Drill-Übungen* der *Audiovisuellen Methode im fremdsprachlichen Unterricht*. Mit Blick auf den Fremd- und Zweitspracherwerb machte sich ferner die *kontrastive Linguistik* die behavioristische Auffassung von sprachlichen Strukturen als *habits* zu eigen. Es seien *habits* aus der Erstsprache, die den Erwerb einer zweiten Sprache positiv oder negativ beeinflussen (Transfer; Kap. 10.2).

Die rigorose Ablehnung mentaler Prozesse und die ausschließliche Berücksichtigung beobachtbarer Vorgänge erwies sich jedoch als viel zu enger Rahmen für die Analyse menschlichen Verhaltens. Schwierigkeiten treten in der behavioristischen Theorie dann auf, wenn es um die Erklärung neuer, kreativer Verhaltensweisen geht. Diese sind aber gerade im Bereich des Sprachlichen deutlich zu beobachten, vor allem beim Erst- und Fremdspracherwerb. Die Differenz zwischen reaktivem Verhalten und absichtsvollem Handeln, wie es beim Menschen vorliegt, ebenso kreatives Problemlösehandeln, sind in einer behavioristischen Theorie nicht erfassbar.

Im Spracherwerb gibt es zahlreiche Phänomene, die die Vermutung nahelegen, dass Kinder **Problemlösemuster** im Kopf aufbauen. In der **Kognitionspsychologie**, die den Behaviorismus ablöste, gibt es zahlreiche Bezeichnungen für solche Wissensstrukturen, eine davon ist der Begriff des **mentalen Schemas**. Ein typisches Indiz für den Aufbau von mentalen Schemata beim Erwerb sind sog. *Übergeneralisierungen*: Kleine Kinder im Erstspracherwerb wie auch Fremdsprachenlerner des Deutschen erwerben zunächst das Muster für die Bildung des Präteritums wie in *sagte* oder *lachte*. In aller Regel versuchen sie, diese an schwachen Verben gewonnene Einsicht kreativ auf alle Verben zu übertragen und bilden dann Formen wie *singte* oder *schwimmte*. Selbst bei expliziter Korrektur durch Außenstehende neigen sie dazu, diese Strategie solange beizubehalten, bis sie die komplexeren Schemata der Präteritumsbildung bei starken Verben zusätzlich beherrschen.

In dieser Atmosphäre veröffentlichte 1959 Noam Chomsky einen scharf formulierten Aufsatz in der Zeitschrift „Language“ (35, 26-58) mit dem Titel „A Review of B.F. Skinner's Verbal Behavior“. Chomsky kommt insgesamt zu vernichtenden Ergebnissen, die dem skeptischen Teil der *scientific community* gerade recht kamen. Die Kritik Chomskys half, die ‚Entmachtung' des Behaviorismus als vorherrschendem Paradigma vorzubereiten und den Weg für die Kognitionswissenschaften frei zu machen. Die wesentlichen Kritikpunkte Chomskys an behavioristischen, erfahrungsbasierten (empiristischen) Erklärungen zum kindlichen Spracherwerb werden in der Regel unter Bezeichnungen wie *Poverty of the stimulus-Argument* und *Platons Problem* zusammengefasst. Die Hauptargumente zum *Poverty of the stimulus*-Argument haben wir bereits in Kap. 3 dargestellt. Sie laufen im Wesentlichen darauf hinaus, dass die Stimuli, denen Kinder im Spracherwerb ausgesetzt sind, weder von der Quantität noch von der Qualität ausreichen, um bestimmte syntaktische Strukturen zu erlernen. Ferner kann der Behaviorismus nicht erklären, wie Kinder in die Lage versetzt werden, neue, zuvor nie gehörte Sätze korrekt zu bilden.

Platons Problem

Die von Chomsky oft verwendete Formulierung *Platons Problem* bezieht sich auf diese Überlegungen, deutet aber zudem die von Chomsky bevorzugte Lösung des Erwerbsproblems an. Im *Menon*, einem der Platonischen Dialoge, unterhält sich Sokrates mit einem ungebildeten Sklaven. Diesem zeigt er mit einfachen Fragen und an alltäglichen Beispielen auf, dass er einen komplizierten Lehrsatz (den Satz des Pythagoras) beherrscht – obwohl er sich nie mit Geometrie beschäftigt hatte. Platon folgert aus der Episode, dass das Wissen um den Lehrsatz des Pythagoras ein eingeborenes Wissen sei. Da Kinder sehr früh sprechen können, könnte man angesichts der Komplexität von Sprachen auf die Idee kommen, dass auch sie bereits vorgängig über Sprachwissen verfügen. Genau das behauptet Chomsky, wie wir oben bereits gesehen haben.

Platons Problem

Sokrates: Diese nun nennen die Gelehrten die Diagonale; so daß, wenn diese die Diagonale heißt, alsdann aus der Diagonale, wie du behauptest, das zweifache Viereck entsteht.
Knabe: Allerdings, Sokrates. ...
Sokrates: Was dünkt dich nun, Menon? Hat dieser irgendeine Vorstellung, die nicht sein war, zur Antwort gegeben?
Menon: Nein, nur seine eigenen.
Sokrates: Und doch wußte er es vor kurzem noch nicht, wie wir gestanden?
Menon: Ganz recht.
Sokrates: Es waren aber doch diese Vorstellungen in ihm. Oder nicht?
Menon: Ja.
Sokrates: In dem Nichtwissenden also sind von dem, was er nicht weiß, dennoch richtige Vorstellungen?
Menon: Das zeigt sich.

(Platon, in Eigler 2001, 553-555)

Nativismus und Sprachinstinkt

Chomsky wählt für das Problem, wie Kinder die komplexe Aufgabe des Spracherwerbs in kurzer Zeit bewältigen können, tatsächlich eine ähnliche Lösung, wie sie Sokrates im Menon hinsichtlich des pythagoräischen Lehrsatzes formuliert. Er erklärt die Leichtigkeit, mit der Kinder eine Sprache erwerben, dadurch, dass er ein angeborenes Sprachvermögen in Form eines autonomen, von anderen kognitiven Fähigkeiten getrennten Moduls postuliert, das Kindern das Sprachenlernen ermöglicht. Dieses enthält weitere Teilmodule für die Semantik, Phonologie, Morphologie und für die Syntax. Komplexe syntaktische Regeln, so Chomsky, seien nur erwerbbar, wenn es ein dafür eigens geschaffenes Organ gibt, oder einen genetisch angelegten Sprachinstinkt, wie das sein Schüler Steven Pinker (1996) ausdrückt. Pinker folgend lernen wir Sprechen instinktiv – so wie eine Spinne instinktgeleitet, ohne Lernprozess in der Lage ist, die komplizierte Aufgabe des Webens eines Spinnennetzes zu bewerkstelligen. Nach Chomsky muss es einen eigenständigen, angeborenen Mechanismus geben, der auf die Verarbeitung syntaktischen Wissens programmiert ist. Seine Variante einer konsequenten *nature*-Position drückt er wie folgt aus: „We may usefully think of the language faculty, the number faculty, and others, as ‚mental organs' [that] develop in specific ways, each in accordance with the genetic program [...]" (Chomsky, 1980, 138f).

Darstellungen und Variationen dieser bereits 1965 von Chomsky vertretenen These, die die Erforschung der Sprachfähigkeit zu einem Teilbereich der Biologie macht, findet man – mal kritisch, mal wohlwollend – in fast alle Veröffentlichungen zum Erst- und Zweitspracherwerb. In den Anfängen der Theorie sollte unter der Bezeichnung *Language acquisition device* (LAD) sowohl das Erwerbsproblem gelöst, aber auch die *kreative* Fähigkeit von Kindern erklärt werden, unendlich viele neue Sätze *generieren* zu können (die übergeordnete Theorie von Chomsky hieß entsprechend *Generative Grammatik*). Die ursprüngliche Konzeption eines LAD wurde von Chomsky (1981) selbst alsbald verworfen und durch das sog. *Prinzipien- und Parametermodell* (P&P) ersetzt, das gleichfalls nativistisch interpretiert wird. Aufgegeben wird die Vorstellung, dass das angeborene (rein internale) Sprachwissen, das als *Universalgrammatik* (UG) beschrieben wird, bereits Regeln spezifiziert, die korrekte Sätze generieren. Damit tritt die generative (und so auch die kreative) Komponente in den Hintergrund: „[W]e no longer consider UG as providing a format for rule systems and an evaluation metric. Rather, UG consists of various subsystems of principles; it has the modular structure that we regularly discover in investigation of cognitive systems. Many of these principles are associated with parameters that must be fixed by experience. The parameters must have the property that they can be fixed by quite simple evidence, because this is what is available to the child [...]. Once the values of the parameters are set, the whole system is operative. [...] Experience is required to set the switches. When they are set, the system functions." (Chomsky 1986, 146). Im Kern des P&P-Modells steht demnach die Annahme einer abstrakten, rein mentalen grammatischen Struktur, die als angeboren gilt, und die in Form von *Prinzipien* die universellen Kategorien und Strukturen aller menschlichen Sprachen charakterisiert. Ferner gibt es strukturelle Optionen (*Parameter*), die einzelsprachlichen Ausprägungen der Prinzipien Rechnung tragen. Aufgrund der angeborenen Prinzipien zieht das Kind nur bestimmte Umgebungsreize in Betracht, die grundsätzlich für den Erwerb relevant sein könnten; aufgrund von Äußerungen (sog. *Trigger*), die prototypische Charakteristika der jeweiligen Einzelsprache aufweisen, wird die passende Parametereinstellung ausgelöst (*getriggert*). Das Kind ‚weiß' aufgrund der Prinzipien, die in der sog. *Government and binding*-Theorie (GB) ausgearbeitet sind, wie wohlgeformte Sätze grundsätzlich zu bilden sind (sie müssen einem sog. *X-bar-Schema* entsprechen), welche Phrasen wie zusammengehören bzw. voneinander abhängen, was wohin in einer Satzstruktur verschoben werden darf, etc. Deutsche, englische und japanische Kinder verfügen über den gleichen ‚Masterplan', also ein und dieselbe Universalgrammatik (UG), aktivieren

angeborene Universalgrammatik (UG)

aber unterschiedliche Parameter. Um zu sichern, dass eine Sprache lerrnbar ist, wird eingeräumt, dass Kinder bei der Auswahl relevanter Daten, die zur Parameterfixierung führen, noch nicht syntaktische Relationen wie Subjekt oder Objekt kennen können, so dass ‚kinderfreundliche' (kognitionsnahe) Kategorien wie „x geht y voraus" oder „Agens einer Handlung" (Chomsky 1981, 10) bei der Formulierung der Theorie berücksichtigt werden. U.a. hat Pinker in der semantischen *Bootstrapping*-Hypothese angenommen, dass Kindern über prototypische funktionale Beziehungen ein erster Einstieg in syntaktische Strukturen erleichtert wird (Pinker 1984, 41ff): Handlungen werden durch Verben ausgedrückt, Gegenstände/Personen durch Nomen bezeichnet, Attribute durch Adjektive, räumliche Beziehungen durch Präpositionen. Auch nimmt Pinker an, dass erst, wenn Kinder reichhaltig Lexik erworben haben, Prinzipien und Parameter vollständig wirksam werden. Dadurch soll erklärt werden, warum z.B. bestimmte Bereiche der Syntax relativ spät erworben werden.

Semantisches Bootstrapping

Kontinuitätshypothese

Im universalgrammatischen Paradigma wird der Spracherwerb unter der Annahme der sog. **Kontinuitätshypothese** betrachtet. Demnach hat das Kind bereits bei der Geburt unbewusstes Wissen über die *allgemeine* Struktur aller menschlichen Sprachen. Es hat gewissermaßen wesentliche Teile der Chomskyschen Grammatik als Ausgangszustand im Kopf. Diesem Wissen trägt es im Erwerbsverlauf kontinuierlich Rechnung, muss dabei aber noch die *spezifischen* Einstellungen für seine Muttersprache finden. Dies mag je nach Input bisweilen etwas dauern, doch ist das Ziel bereits klar bestimmt. Allerdings weichen Kinder in ihren Äußerungen von zielsprachlichen Äußerungen oft erheblich ab, und bisweilen formulieren sie komplexe Strukturen sehr früh überraschend ‚korrekt'. Um dieser widersprüchlichen Datenlage zu begegnen, wurden zahlreiche Varianten der Kontinuitätshypothese formuliert und diskutiert.

Das P&P-Modell wurde von vielen Anhängern der UG übernommen und beeindruckte auch in vielen Nachbardisziplinen. Doch 2002 wird im Rückblick eine höchst ernüchternde Bilanz gezogen – wiederum von Chomsky selbst: „My own view is that almost everything is subject to question, especially if you look at it from a minimalist perspective; about everything you look at, the question is: why is it there? So, if you had asked me ten years ago, I would have said government is a unifying concept, X-bar theory is a unifying concept, the head parameter is an obvious parameter, ECP [empty category principle; die Verf.], etc., but now none of these looks obvious. X-bar-theory, I think, is probably wrong, government maybe does not exist" (Chomsky 2002, 151). Auch wenn wir aus Platzgründen nicht auf die einzelnen Komponenten eingehen können, die Chomsky im Zitat anspricht, ist unschwer zu erkennen, dass hier *die zentralen Bestandteile* der GB-Theorie und des Prinzipien- und Parametermodells preisgegeben werden. Selbst jene syntaktischen Theoriekomponenten, die allgemein regeln, wie ein Satz aufgebaut wird – in Form des sog. X-bar-Schemas ein typisches Element früherer Chomskyscher Ansätze – werden in Frage gestellt. Zur Diskussion gestellt wird sogar die Dichotomie von Tiefen- und Oberflächenstruktur, vormals das Markenzeichen der Theorie.

An Stelle des P&P-Modells rückt eine radikal reduzierte Variante der Theorie, das sog. *Minimalistische Programm*. In diesem Programm wird versucht, alle Bestandteile der angeborenen Sprachfähigkeit so zu gestalten, dass sie mit allgemeinen Verarbeitungsprinzipien unserer Kognition verträglich sind (z.B. dem Bestreben nach Ökonomie). Beibehalten wird jedoch die Vorstellung einer angeborenen abstrakten Universalgrammatik. Diese UG ist nun um überflüssige Komponenten und Annahmen der P&P-Theorie bereinigt, sozusagen eine Art ‚*UG-light*'. Man kann sie sich als eine Art universelle, von der Evolution vorgegebene globale Richtlinie vorstellen, die festlegt, welche Prinzipien beim Generieren von Satzstrukturen in allen menschlichen Sprachen zu beachten sind. Die minimalistisch konzipierte UG reduziert in ihren jüngsten Varianten strukturelle Vorgaben, formuliert aber stattdessen Prozessbedingungen und die Forderung nach Interpretierbarkeit beim Bilden wohlgeformter Sätze. Im Kern enthält sie ein computationelles System. Dieses fügt (durch eine *Merge* genannte Operation) unter strengen Ökonomievorgaben Einheiten aus dem Lexikon zu einer Sequenz zusammen, wobei Merkmale zu berücksichtigen sind, die in den (empirisch erlernten) Lexikoneinheiten enthalten sind. Lexikoneinträge enthalten neben Bedeutungsinformation (bei Verben z.B. die Argumentstruktur und die erforderlichen semantischen Rollen) auch Information über die phonologische Form, über die syntaktische Kategorie und morphosyntaktische Informationen. Bei der Auswahl und ersten Ordnung von lexikalischen Einheiten können noch ungrammatische Sequenzen entstehen, in denen z.B. Nomen und Pronomen nicht zueinander passen, die Kasusmarkierungen falsch sind oder die Numerusmarkierungen an Verb und Nominalphrase nicht übereinstimmen. Bevor diese Sequenz sprachlich realisiert (ausgesprochen) wird, wird diese Sequenz auf Interpretierbarkeit geprüft und durch Operationen (*Move*) so modifiziert, dass auch die abstrakt vorgegebenen universalgrammatischen Vorschriften berücksichtigt werden (etwa dass ein Nomen zu einem Pronomen passen muss, dass die semantische Rolle und Kasusmarkierung zusammengehören).

Vieles, was in früheren Versionen der Theorie im Bereich der Syntax geregelt war, wird jetzt ins Lexikon verlagert, dem Chomsky in den Anfängen bewusst wenig Aufmerksamkeit geschenkt hatte. Selbst die Struktur eines Satzes wird jetzt wesentlich durch die Einheiten im Lexikon, nicht mehr durch ein universell gültiges *X-bar*-Schema bestimmt, und wird so in einem Zuge auch an die Gegebenheiten einzelner Sprachen angepasst. Das Lexikon, das dem sog. konzeptionell-intentionalen System zugeordnet ist, also unserem in Form von

Begriffen und begrifflichen Strukturen im Kopf gespeicherten Wissen über Bedeutungen und Gebrauchsbedingungen, wird aber durch Erfahrung und im Sprachgebrauch über allgemeine, nicht sprachspezifische Lernmechanismen aufgebaut. Dadurch werden die strikt rationalistisch konzipierten früheren Versionen der UG stark empiristisch angereichert. Chomsky scheut jedoch nach wie vor davor zurück, die Nativismusthese und die Universalismushypothese zu opfern, obgleich die Entwicklung seiner Position, die selbst von seinen Anhängern ein gehöriges Maß an Wendigkeit verlangt, längst in diese Richtung weist. Unter dem Label *Minimalismus* werden derzeit eine ganze Reihe aktiver Forschungsprogramme gefasst, die in den Detailannahmen zum Teil erheblich miteinander konkurrieren.

Kritik am Nativismus

Wie wollen wir die sich stetig wandelnden Vorschläge Chomskys hier einordnen? Eine Linie der Kritik argumentiert, dass es sehr wohl möglich ist, die Grammatik einer Sprache aufgrund der Input-Daten mithilfe allgemeiner Lernmechanismen zu erwerben (z.B. Pullum/Sholz 2002, Sholz/Pullum 2002, Goldberg 2006, aber auch Tomasello (in fast allen Arbeiten)) – dass es eine *Poverty of the stimulus* also nicht gibt. Entsprechend überflüssig wird hier die Annahme einer angeborenen UG. Unterstützend argumentieren andere Kritiker auf der Grundlage empirischer Befunde, dass Kinder durchaus häufig von Erwachsenen korrigiert werden, wenn sie falsche Sätze bilden (Chouinard/Clark 2003), dass Kinder also entgegen Chomskys Behauptung durchaus mit negativer Evidenz konfrontiert seien. Aber selbst wenn wir das *Erwerbsproblem* und damit das *Poverty of the stimulus*-Argument anerkennen, sind von dritter Seite überzeugende Vorschläge gemacht worden (z.B. O'Grady, s. Kap. 3), wie Platons Problem gelöst werden kann, ohne die evolutionstheoretisch eher bizarre Annahme einer angeborenen Universalgrammatik zu bemühen. – Ob es sprachliche Universalien im von Chomsky unterstellten Umfang überhaupt gibt, stellt nicht nur der Konstruktionsgrammatiker und Sprachtypologe William Croft (2001) radikal in Frage. Und schließlich konnte bisher niemand plausibel darlegen, wie eine hochkomplexe Fähigkeit wie die Sprachfähigkeit im Laufe der Evolution durch eine oder mehrere Mutationen hätte entstehen und sich wie ein Organ als internalisierte Grammatik im Gehirn einen Platz hätte erobern können – und dies in einem vergleichsweise kurzen Zeitraum. Wir werden uns daher im vorliegenden Zusammenhang auf andere Ansätze konzentrieren, wenn es um den kindlichen Spracherwerb geht.

Aufgaben und Literaturvertiefung zu diesem Kapitel finden Sie unter http://www.daf-daz.uni-hannover.de/libac.html

6. Der Mensch als Computer in den Kognitionswissenschaften

Ziele des Kapitels

In diesem Kapitel werden kognitionswissenschaftliche Theorien vorgestellt, die keine sprachspezifischen Lernmechanismen unterstellen, sondern den Spracherwerb durch allgemeine Lernmechanismen erklären. Die enge Verbindung zwischen Kognitionswissenschaften und Computerwissenschaften wird aufgezeigt. Es wird gezeigt, wie zunächst das Gehirn in Analogie zum Computer aufgefasst wurde, bis im Gefolge der aufstrebenden Neurowissenschaften eine Wende hin zur Anpassung der Arbeitsweise von Computerprogrammen an die neuronalen Verarbeitungsprozesse in menschlichen Gehirnen folgte (sog. Konnektionismus). Abschließend werden Erklärungen von Spracherwerbsprozessen im Konnektionismus diskutiert.

Warm-Up

Als *Inselbegabte* (oft auch *Savants* genannt) bezeichnet man Menschen, die häufig große Probleme in sozialer Interaktion haben (viele gelten als Autisten), dafür aber besondere, erstaunliche Einzelbegabungen z.B. in der Mathematik, in der Musik oder beim Lernen von verschiedenen Sprachen zeigen. Sie können komplizierte Muster und Strukturen mit Leichtigkeit erkennen und im Gedächtnis speichern. Wie man heute weiß, fällt es Autisten schwer, sich in andere Menschen zu versetzen, deren Motive und Absichten zu erkennen.

6.1 Symbolverarbeitende Ansätze

Im Gegensatz zum Behaviorismus, der in seiner ursprünglichen Form keinerlei Spekulationen über mentale Prozesse und Strukturen zulassen wollte, öffnete die Kognitionswissenschaft nach Chomskys Skinner-Kritik die in behavioristischer Blütezeit versiegelte *black box* wieder. Grundannahme aller kognitionspsychologischen Ansätze ist, dass sich mentale Prozesse und Strukturen, Denken und Erkennen durchaus mit wissenschaftlichen Methoden analysieren lassen. Doch stellt sich die Kognitionswissenschaft durch ihre Orientierung an den damals neu entstehenden Computerwissenschaften zunächst in eine erkenntnistheoretische Tradition, die einen Dualismus von Körper und Geist postuliert und letztlich auf Descartes zurückgeht. Körperliche Prozesse, Emotionen und Affekte werden so erst spät in die Theoriebildung der Kognitionswissenschaften aufgenommen. Gerade emotionale und motivationale Prozesse spielen aber im kindlichen Spracherwerb eine wichtige Rolle.

Bereits vor Chomskys Skinner-Kritik hatte der Psychologe Karl Lashley das allgemeine Unbehagen an einer behavioristischen Erklärung menschlichen Verhaltens auf den Punkt gebracht – obwohl er selbst dieser Tradition entstammte. Er zeigte 1951 am Beispiel serieller Verhaltensweisen von hoher Komplexität, wie sie etwa beim Sprechen mit extrem hoher Geschwindigkeit ablaufen, dass diese nicht durch aus Erfahrung gewonnene, miteinander assoziierte Reiz-Reaktionsketten erklärt werden können. Beim Sprechen werden z.B. Laute am Wortbeginn in ihrer Artikulation durch nachfolgende Laute beeinflusst ([ŋ] in *unklar* gegenüber [n] in *unscharf*). Man spricht dann von regressiver Assimilation. Auch Versprecher bezeugen eine vorauseilende Planung, die bereits ein vorhandenes Schema voraussetzt (**Besser die Taube in der Hand als der Spatz auf dem Dach*).

Mentale Repräsentationen

Lashley folgerte aus ähnlichen Beobachtungen, dass die Planung solcher linearer Sequenzen einem strukturierten Plan folgt, der im Kopf zu vermuten ist. Die Organisation komplexen menschlichen Handelns lässt sich demzufolge nur unter Rückgriff auf *mentale Repräsentationen* erklären, die hierarchisch organisiert sind, sowie durch Prozesse im Kopf, die diese Repräsentationen problemorientiert verarbeiten. Aus dieser Grundidee, die menschliches Denken als die Verarbeitung von im Kopf *schematisch* angelegtem Vorwissen versteht, sind eine Reihe unterschiedlicher Strömungen in der Kognitionswissenschaft hervorgegangen.

Gehirn als symbolverarbeitender Computer

Zwischen 1950 und 1970 ließ sich die Kognitionswissenschaft durch die aufstrebenden Computerwissenschaften zu Modellen inspirieren, die dieses repräsentationsgeleitete Verhalten erklären sollten. Daraus resultierte eine Beschreibung des menschlichen Gehirns in Analogie zu einem Computer, der Probleme mithilfe von Software-Programmen löst. Da ein und dieselbe Software auf unterschiedlichen Hardware-Formaten laufen kann (sog. *Funktionalismusthese* von Putnam, später selbst Kritiker des Funktionalismus), schien zwischen menschlichem Gehirn und Computer kein prinzipieller Unterschied zu sein; beide können als *symbolverarbeitende* Systeme gedacht werden, die über abgespeicherten Repräsentationen (den Symbolen) regelgeleitete ‚Denk'-Operationen durchführen. Ein Computer kann demnach ebenso mentale Zustände besitzen wie ein Mensch. Man kann sich also auch einen Computer, der Sprache produzieren und verstehen kann, vorstellen.

Doch das Bild des Menschen als symbolverarbeitender Maschine musste bald revidiert werden. Fortschritte in der Biologie und in den Neurowissenschaften führten zur Auffassung von Gehirnen als komplexe, vernetzte neuronale Systeme, die sich selbst organisieren. Demzufolge gibt es keine vorgefertigten Programme, die vorab ‚installiert' sind. Insofern hinkt die Computermetapher, von der man bis dahin ausgegangen war. In einem Gehirn, das durch unspezifische Verbindungen zwischen Milliarden von Neuronen nur wenig vorstrukturiert ist, gibt es keinen genauen Ort mehr für Repräsentationen im Format von diskreten Symbolen. Einzelne Neuronen tragen keine Bedeutung. Vielmehr wird Information, die der Außenwelt entnommen wird, über das gesamte Netz gespeichert, so dass die Vorstellung diskreter Symbole hinfällig wird. In Abhängigkeit von Reizstärke und den Aktivierungspotentialen entstehen Verbindungen zwischen Neuronen in Form von sog. neuronalen Mustern auf subsymbolischer Ebene. Das ‚Wissen', das aus der Umgebung extrahiert wurde, liegt sozusagen in den Verbindungen (Konnexionen) zwischen den einzelnen Neuronen. Dies steht im Gegensatz zur Auffassung von Gehirnen als symbolverarbeitenden Systemen, die wie Computer funktionieren, bleibt aber grundsätzlich kompatibel mit der kognitivistischen Hypothese, dass strukturierte, musterförmige Verarbeitungsprozesse im Kopf dem menschlichen Verhalten zugrunde liegen. Anders als bei der Sichtweise des Gehirns als symbolverarbeitender Maschine sind kognitive Prozesse (‚Denken') hier jedoch viel enger an das in Jahrmillionen entstandene menschliche Gehirn und dessen physiologische Funktionsweise gebunden. Verschiedentlich wurde dies bei der Übertragung dieser Einsichten in die Computersimulation recht treffend mit der Forderung nach *brain-style-processing* charakterisiert (vgl. McClelland/Rumelhart, 1986).

Eine solche Sichtweise legt es zudem keineswegs nahe, die Sprachfähigkeit an eine bestimmte Region im Gehirn zu binden. Der Erwerb und die Verarbeitung von Sprache ist vielmehr ein konstruktiver Lernprozess, an dem das ganze Gehirn, eigentlich der gesamte Körper mit allen Sinnesorganen und seinen emotionalen und affektiven Zuständen, beteiligt ist, und der den gleichen Gesetzmäßigkeiten unterliegt wie der Erwerb jeder anderen Fähigkeit auch. Grundsätzlich erlaubt diese Sicht, die viele Hirnstrukturen und so auch den gesamten Organismus einbeziehen muss, recht zwanglos die Integration affektiver und motivationaler Aspekte beim Lernen. Denn auch das Empfinden eines eigenen Körperzustandes bildet sich erst nach und nach (allerdings recht früh) als neuronale Repräsentation im Gehirn heraus und gibt fortan als eine Vorform des späteren Selbst den Hintergrund ab, vor dem neue Erfahrungen verarbeitet werden. Insofern alles Neue mit sich veränderten Zuständen dieses Körperempfindens einhergeht, können angenehme oder unangenehme Körperzustände ausgelöst werden und in der Folge das Suchen oder Vermeiden von Reizkonstellationen beeinflussen. Körperliches spielt so eine wichtige Rolle bei der Aufmerksamkeitslenkung. Man kann sagen, dass *Körper* und *Geist*, die im symbolischen Paradigma in kartesianischer Tradition als getrennt aufgefasst wurden, wieder enger zusammengeführt werden.

6.2 Neuronale Netze, Mustererkennung und Spracherwerb

Das menschliche Gehirn ist bei der Geburt in hohem Maße unstrukturiert und legt spezifischere Strukturen erst unter Einfluss von Umweltreizen und des sozialen Austauschs in der frühen Kindheit an. In Auseinandersetzung mit der Umwelt und vor dem Hintergrund der körperlichen Reaktionen auf diese Umweltreize (die eingehenden Reize werden durch Körperzustände in einem gewissen Sinn bewertet) bildet das Gehirn innere Differenzierungen heraus, die ihrerseits wieder auf die Aufnahme und Verarbeitung neuer Umweltreize zurückwirken. Treten bestimmte Umweltreize, z.B. in Form sprachlicher Äußerungen der Bezugspersonen, mehrfach in ähnlicher Konstellation auf, wird sich nach konnektionistischer Auffassung ein neuronales Muster ausbilden, das das Wiedererkennen bei erneutem Auftreten der Konstellation fördert. Tritt die Konstellation gehäuft in leicht veränderter Form auf, wird sich das Muster entsprechend verändern, da sich sein Aktivierungszustand anpasst. Auf diese Weise entsteht allmählich ein Gleichgewicht zwischen erwartbaren sensorischen Konstellationen und vorhandenem Muster. Es ist ähnlich wie bei einem Trampelpfad auf einer Rasenfläche: Durch häufige Benutzung bildet er sich auf dem Rasen heraus. Zu Beginn werden es noch mehrere Pfade nebeneinander sein, deren niedergetretenes Gras sich nachts erholen und wieder aufrichten kann. Auf der Strecke, die am häufigsten benutzt wird, werden die Grashalme dazu bald nicht mehr in der Lage sein – ein Hauptpfad entsteht. Dieser wirkt optisch auf neue Fußgänger wie ein Attraktor, er verleitet sie, ihn zu begehen und stabilisiert sich weiter. Nach und nach werden die Nebenpfade völlig verschwinden – alle nutzen nur noch den ‚prototypischen', deutlich sichtbaren Hauptpfad, der die Annehmlichkeiten aller ursprünglichen ‚Versuche' in sich vereint. Man könnte bildlich davon sprechen, dass die Wiese jetzt gelernt hat, mit dem Gehverhalten von Menschen umzugehen. Interessant ist, dass in unserer Analogie das Entstehen eines ‚prototypischen' Musters nur möglich ist, weil wenig benutzte Varianten wieder ‚gelöscht' werden (insofern sich Grashalme im Prinzip erholen können). Diese Eigenschaft der Grashalme, erst bei hinreichend intensiver Beanspruchung ihre Regenerationsfähigkeit aufzugeben, spielt also eine wichtige Rolle im Gesamtprozess. Die Wiese ‚als Gehirn' hat ein Muster gespeichert, das einer häufig auftretenden Regelmäßigkeit im Verhalten der Menschen entspricht. Allerdings hat die Wiese nicht einen Hauch von Ahnung davon, *warum* sich die Menschen so verhalten.

Konnektionismus und neuronale Netze

Durch Einsichten in die neuronale Funktionsweise des menschlichen Gehirns, wie wir sie hier grob skizziert haben, wurden jüngere Ansätze zur Erklärung von neuronalem Lernen inspiriert, wie sie im sog. *Konnektionismus* vertreten werden. Nach dessen Vorstellung ist es möglich, das Lernverhalten menschlicher Gehirne in Form von vereinfachenden neuronalen Netzwerkmodellen auf dem Computer

Mustererkennung im Konnektionismus

zu simulieren. Diese Ansätze ermöglichen eine erste Vorstellung davon, wie das Gehirn auch komplexe grammatische Muster und Regeln im Sprachgebrauch aufgrund der häufigen Darbietung von sprachlichen Items erkennen kann – ohne dass ein auf syntaktische Prozesse spezialisiertes Organ postuliert werden muss und ohne dass man in behavioristische Lernvorstellungen zurückfällt (z.B. McClelland 1988, Plunkett 1995, Elman et al. 1996, MacWhinney 1987, Bybee 2007). Demnach wäre Grammatik nicht vorgegeben, sondern kann als die kognitive Organisation der Erfahrungen gedeutet werden, die Kinder, aber auch Fremdsprachenlerner mit Sprache sammeln (Bybee 2008). Theorien, die solche Vorannahmen teilen, werden als *usage-based theories* (gebrauchsbasierte Theorien) bezeichnet.

Können neuronale Netzwerke das Erwerbsproblem (s. Kap. 3) lösen? Es gibt einige Anzeichen dafür:

> „Such networks have also been shown to go beyond the data in interesting ways. Elman (1998) and Morris et al. (2000) showed that SRNs [simple recurrent networks; die Verf.] induce abstract grammatical categories which allow both distinctions such as *subject* and *object*, and generalizations such that words which have never occurred in one of these positions are nonetheless predicted to occur, if they share a sufficient number of abstract properties with a set of words which have occurred there. Together these results suggest that an SRN might be able to learn the structure of relative clauses, and generalize that structure to subject position in *aux*questions and thus to learn the aspect of grammar in question despite not having access to the sort of evidence that has been assumed necessary. This paper reports on simulations which show that this is indeed the case. [...]. This result clearly runs counter to Chomsky's argument, and thus indicates that the amended view of the input necessitates a re-evaluation of all previous Poverty of the stimulus-Arguments and that neural networks provide a means of doing this“ (Lewis/Elman 2001, 1).

Übertragen auf den Spracherwerb heißt das: Ein Kind vermag nach dieser Auffassung sehr früh Wahrscheinlichkeitsstrukturen in den Erfahrungsdaten zu erkennen und eine Art unbewusster statistischer Analyse von sprachlichen Äußerungen vorzunehmen, aufgrund derer es nach und nach Erwartungsmuster konstruiert. Dies gilt auch für komplexe syntaktische Strukturen. Wenn Linguisten korpusgestützt große Mengen sprachlicher Äußerungen in gesprochener oder geschriebener Sprache nach bestimmten Kriterien durch Computerprogramme analysieren lassen, stellt man rasch fest, dass sprachliche Einheiten in bestimmter sprachlicher Umgebung aber auch in bestimmten Situationen mit einer bestimmten Wahrscheinlichkeit zu erwarten sind. Dies gilt für Lautfolgen ebenso wie für die Aufeinanderfolge bedeutungstragender Einheiten (z.B. Morpheme, Flexionsendungen, Wörter u. a.). Durch computerunterstützte Korpusanalyse ist man heute in der Lage, solche Beziehungen auf allen Ebenen der

Sprachbeschreibung offenzulegen. Kinder scheinen schon früh unbewusst in der Lage zu sein, vergleichbare Analysen vorzunehmen, auch wenn Chomsky das bestreitet:

Das Kind als Statistiker

„Statistical learning, and ‚*any account which assigns a fundamental role to segmentation, categorization, analogy, and generalization*' is rejected in Chomskyan linguistics as ‚*mistaken in principle*' [...]. Acquisition is viewed, rather, as a search through the set of possible grammars for natural language, guided by successive inputs; or alternatively, as a parameter setting process in which the inputs serve as triggers. The stochastic nature of the input is thus ignored supposedly the learner is oblivious to the distributional frequencies of lexical items, grammatical constructions, and utterance types. Recent acquisition research, however, has shown that children, and even infants, *are* sensitive to the statistical structure of their linguistic input [...]" (Lewis/Elman, 2001, 1).

Computersimulationen deuten darauf hin, dass Lernen als ein Prozess verstanden werden kann, in dem sich das neuronale System im Zusammenspiel von *allgemeinen*, nicht sprachspezifischen kognitiven Fähigkeiten des Organismus einerseits und dem Kontakt mit der Umgebung andererseits in einer Form organisiert, dass Einheiten, Ähnlichkeiten, Kategorien, Strukturen und Muster erkannt werden können. Kinder sind zu unbewussten statistischen Analysen großer Datenmengen in der Lage. Allgemeine Voreinstellungen, die Kinder bereits früh nach der Geburt zeigen, sind – obwohl nicht sprachspezifisch – für den späteren Spracherwerb förderlich. So erleichtern die allgemeine Kategorisierungsfähigkeit, die Fähigkeit, Gesichter, Mimik, Gestik, sprachliche Laute und Lautmelodien sowie Segmente im Lautstrom etc. zu erkennen, das Sprechenlernen.

6.3 Grenzen der Mustererkennung

„The essential question, then, is whether we can explain how human beings create and find linguistic patterns without making reference to communicative function. This is an empirical question, and many people – from both generativist and connectionist camps – are betting that we can. But my assessment is that we cannot, at least not if psychological reality is our ultimate goal" (Tomasello 2005, 325).

Konnektionismus: Probleme

Der Konnektionismus zeigt, ohne die Verpflichtung zu einem angeborenen Grammatikmodul eingehen zu müssen, anhand von Computersimulationen, dass neuronale Netze, die der Architektur des menschlichen Gehirns nachempfunden sind, grundsätzlich in der Lage sind, sprachliche Musterförmigkeit und Schemabildung durch eine Art statistische Analyse aus dem Input herauszulesen. In der Realität ist dieser Nachweis bislang zwar nur für einige, allerdings durchaus komplizierte Konstruktionen geführt. Reichen diese Befunde des Konnektionismus hin, um die These zu vertreten, dass der Spracherwerb beim Kind auf diese Weise vollständig erklärt werden kann? Nach unserem Dafürhalten bleiben zwei Probleme offen:

Das erste Problem resultiert aus Überlegungen O'Gradys, die wir bereits eingangs kennengelernt haben. Wir erinnern uns: O'Grady stellt u.a. fest, dass reine Frequenzanalysen, auf die sich konnektionistische Systeme letztlich stützen, nicht ausreichen, um zu erklären, wieso strukturell wenig komplexe und gleichzeitig sehr frequente Erscheinungen im Sprachgebrauch vergleichsweise spät erworben werden (s. Kap. 3.2). Sein Lösungsvorschlag ist, die Art und Weise, wie Sprache prozessiert wird, d.h. in eine lineare Ordnung gebracht wird, als (phylogenetisch) ursächlich für das Emergieren von grammatischen Strukturen zu sehen, demnach auch von solchen, deren Auftreten und Erwerbszeitpunkt sich weder durch Frequenzanalyse noch durch Funktionsanalyse erklären lassen. Prozesscharakteristika können erklären, warum hochfrequente, strukturell einfach anmutende Muster später als komplexere, selten vorkommende Muster erworben werden. Die Begründung dafür ist einfach: Erstere bereiten im Verarbeitungsprozess zusätzlichen Aufwand. Der Erwerb wird der Tendenz nach Strukturen bevorzugen, die dem Postulat, das Arbeitsgedächtnis im Linearisierungsprozess so wenig wie möglich zu be- und so früh wie möglich zu entlasten, entsprechen. Wir glauben, dass eine Theorie, die Elemente dieses Lösungsvorschlages enthält, in Spracherwerbstheorien eingehen sollte.

Das zweite Problem ergibt sich aus Überlegungen Tomasellos. Für ihn ist der zentrale Baustein in einer Theorie des Spracherwerbs die typisch menschliche Fähigkeit, bei anderen Absichten und Ziele des Handelns erkennen zu können. Ohne solche sog. *mind-reading-skills* bzw. ohne die Fähigkeit zur *Intentionserkennung* (*intention-reading*) würde sich ein rein konnektionistisch organisiertes Kind hoffnungslos in der unendlichen Vielfalt der im Input identifizierbaren Muster verirren, selbst wenn Eltern in der sog. *kindgerichteten Sprache* (*child directed speech;* s. Kap. 8.1) intuitiv eine Reihe von Orientierungshilfen geben.

Warum ist die Fähigkeit zur Intentionserkennung so außerordentlich wichtig, zusätzlich zum Vermögen zur Musterfindung (*pattern-finding*)? Kinder lernen eine Sprache nicht primär, weil sie Talent und Spaß daran haben, Muster zu entdecken, obwohl auch das eine motivierende Rolle in der kindlichen Entwicklung spielt und ein wichtiger Schritt auf dem Weg zur Sprache sein kann. Durchaus sind Kinder recht früh in der Lage, Äußerungen aufgrund ihrer Lautform wiederzuerkennen. Dies erleichtert später kompliziertere Prozesse der Sprachentwicklung. Imitation (*Echolalie*) im frühen Kindheitsstadium ebenso wie die Begeisterungsfähigkeit für Verse und Reime zeugen davon, dass kleine Kinder sprachliche Lautmuster identifizieren und sogar reproduzieren können. Aber: Das Wiedererkennen und Reproduzieren von Mustern alleine macht noch keine Sprache aus. Das Kind muss zusätzlich erkennen, *warum* diese Muster in welcher Situation mit welcher Absicht von anderen geäußert werden.

mind-reading-skills

Entscheidend für den eigentlichen Einstieg in sprachliche Kommunikation ist daher, dass Kinder ab einem gewissen (sehr jungen) Alter gewahr werden, dass das Tun der Erwachsenen, auch ihr Sprechen, bestimmten Absichten, *Intentionen* dient. Sie entwickeln ein ganzes Arsenal an *mind-reading-skills*, wie Tomasello (2005) das ausgedrückt hat. Ab diesem Zeitpunkt wollen sie den Sinn herausfinden, den Erwachsene mit bestimmten Äußerungen verbinden. Psychologisch gesehen ist dies das zentrale Ausgangsproblem des Kindes im Spracherwerb, nicht die Frage, inwieweit sich Äußerungen ähneln, wie sie strukturiert sind und welchem Bildungsmuster sie folgen. Ohne das zentrale Motiv, Absichten und Sinn zu erkennen, herauszufinden, warum und mit welcher Absicht in einer bestimmten Situation eine bestimmte Äußerung erfolgt, wären die Muster einer Sprache allenfalls nach Frequenzkriterien, nach Komplexität oder nach Ähnlichkeit in eine Ordnung zu bringen, nicht hingegen nach ihrem Nutzen für Kommunikation. Kinder könnten sich keinerlei Vers darauf machen, wieso Homophone wie *Seite* und *Saite* in unterschiedlichen Äußerungen vorkommen. Sie ähnelten eher einem sehr klugen Papagei (oder einem gut programmierten Computer), der komplexe sprachliche Lautsequenzen identifizieren und imitieren kann, ohne zu wissen, was sie bedeuten.

Eine Spracherwerbstheorie muss also erklären können, wie Kinder in ihrer frühen Entwicklung dahin kommen, Absichten und Ziele in der Interaktion mit anderen in den Blick zu nehmen, wieso Kinder am Ende des ersten Lebensjahres beginnen, sich für den Sinn der Rede anderer zu interessieren und in ‚echte' Kommunikationen eintreten, in Prozesse des Meinens und Verstehens. Wir werden uns in den nächsten Abschnitten mit den Vorstufen dieser Entwicklung befassen, und wir werden uns dabei auf Umwegen wieder jener bereits erwähnten ‚Sehnsucht' nähern, die wir zu Beginn im Zusammenhang mit Rortys Philosophie als Sehnsucht nach Solidarität und Kooperativität charakterisiert haben. Denn Kooperativität ist konstitutiv für jedwede Kommunikation, für die wechselseitigen Prozesse des Meinens und Verstehens, wie wir seit Grice wissen.

Aufgaben und Literaturvertiefung zu diesem Kapitel finden Sie unter http://www.daf-daz.uni-hannover.de/libac.html

7. Was Säuglinge alles können

Ziele des Kapitels

Vorsprachliche Fähigkeiten des Kindes werden beschrieben. Es wird erklärt, warum Kinder überhaupt zu sprechen beginnen. Ferner wird gezeigt, welche neue Qualität durch die sog. Neunmonatsrevolution hinzutritt.

Warm-Up

Ein Säugling weiß naturgemäß noch nicht, was Sprache ist. Demnach kann er auch nicht beabsichtigen, eine Sprache zu erwerben. Aber welches sind dann die Gründe, die einen Säugling dazu bewegen, Vorstufen von sprachlichem Verhalten zu zeigen? Das ist ungefähr so, als kaufe jemand Autoreifen, ohne überhaupt zu wissen, dass es Autos gibt und wozu sie benutzt werden.

7.1 Warum Kinder zu sprechen beginnen

Teleonomische vs. teleologische Erklärungen

Sobald der Säugling damit beginnt, erste Laute zu produzieren und damit seine unmittelbare Umgebung zu erfreuen, geschieht dies kaum mit der Absicht, später einmal eine mitreißende Rednerin zu werden. Ebenso wenig erfolgt ja auch das Strampeln mit der Absicht, später bei einer Olympiade eine Medaille in einer Laufdisziplin zu gewinnen. Eine *teleologische* Erklärung für frühe Lautäußerungen oder für das Strampeln, die den Kindern Absichten unterstellt, die auf eine ‚fertige' spätere Kompetenz zielen, wäre unangemessen. Gleichwohl kann es sowohl für die sprachliche Entwicklung wie auch für eine spätere Leichtathletikkarriere *förderlich* sein, wenn das Kleinkind intensiv babbelt bzw. wenn es viel strampelt. Doch sind das *sekundäre* Effekte eines Verhaltens, das aus ganz anderen Motiven heraus getätigt wird und eigentlich anderen, *primären* Effekten dient. Die Unterscheidung primärer von sekundären Effekten ist charakteristisch für eine *teleonomische* Erklärungsstrategie. Eine Analogie mag verdeutlichen, was damit gemeint ist: Fliegen haben nicht etwa Flügel entwickelt, um fliegen zu können (teleologische Erklärung). Vielmehr haben sich Flügel nach und nach aus unterschiedlichen Gründen entwickelt (eine von vielen Hypothesen ist, dass sie zunächst der Wärmeregulation dienten oder eine Funktion im Zusammenhang mit Kiemenatmung hatten (= *primärer* Effekt)), und erst als *sekundäre* Konsequenz hat sich ergeben, dass Fliegen damit fliegen können (teleonomische Erklärung).

Nun könnte man annehmen, das Neugeborene wolle bereits etwas *mitteilen*, wenn es sprachenähnliches Verhalten zeigt. Doch würde das voraussetzen, dass es schon eine Ahnung davon hätte, dass andere Menschen Wesen mit mentalen Fähigkeiten seien, denen man mit Lautäußerungen etwas mitteilen kann. Das ist aber in diesem frühen Stadium kindlicher Entwicklung noch nicht der Fall; die Vorstellung von anderen als absichtsvollen, denkenden Wesen entwickelt sich bei Kindern erst später. Es muss andere, *primäre* Effekte oder Konsequenzen geben, die im Laufe der Evolution Verhaltensweisen begünstigt haben, die man *Sprachvorläufer* (*precursors to language*) nennen kann.

appetite for social stimulation

Der Evolutionsbiologe John L. Locke (1993, 1996, 1999) hat sich dieser Frage in mehreren Arbeiten zugewandt. Zunächst ist bekannt, dass Säuglinge bei der Geburt bereits über eine Reihe von Fähigkeiten verfügen, die es ihnen erleichtern, direkt in das soziale Geflecht der engsten Bezugspersonen aufgenommen zu werden. Locke spricht von einem *appetite for social stimulation*. Da ihr Gehör bereits im Mutterleib so weit ausgereift ist (ca. drei Monate vor Geburt), dass sie Stimmen wahrnehmen, können Neugeborene menschliche Laute unter anderen Geräuschen heraushören und bevorzugen diese. Den ersten Lautbildungen geht eine Phase der *Lautwahrnehmung* voraus, die bereits im Mutterleib (ungefähr ab dem 6. Monat) beginnt. Babys reagieren besonders auf die Stimme der Mutter, präferieren diese gegenüber der väterlichen Stimme, können grundsätzlich männliche und weibliche Stimmen unterscheiden und sind in der Lage, die affektive Qualität von Stimmen zu differenzieren. Auch erkennen sie, an wen sich Stimmen richten, und bevorzugen die (Einzel-)Sprache, die ihre Mutter während der Schwangerschaft gesprochen hat.

Lautwahrnehmung

Desungeachtet können sie auch verschiedene Sprachen bereits vier Tage nach der Geburt unterscheiden. Dabei scheint der einzelsprachspezifische Rhythmus ein besonders ausgeprägtes Wahrnehmungsmerkmal für Babys zu sein. Ferner können sie (ab vier Monaten) allein an den Mundbewegungen einer Sprecherin in einem Video (ohne Ton) erkennen, ob vom Englischen ins Französischen gewechselt wird (Weikum et al. 2007). Außerdem nehmen Babys sprachliche Laute kategorial wahr, insofern sie geringe Lautunterschiede *zwischen* zwei Phonemen leichter wahrnehmen, als recht ausgeprägte Lautunterschiede *innerhalb* der Grenzen eines Phonems. D.h., sie interessieren sich für jene Merkmale von Lauten stärker, die grundsätzlich eine Rolle bei der Bildung und Unterscheidung von Phonemen in den Sprachen der Welt spielen, als für sonstige akustische Merkmale, die in den Phonemsystemen verschiedener Sprachen keine Rolle spielen. So unterscheiden sie z.B. [ba] und [ga], die an verschiedenen Artikulationsorten gebildet werden. Auch hören sie den Unterschied zwischen stimmhaften und nicht stimmhaften Lauten – selbst dann, wenn dieser Kontrast in ihrer Muttersprache gar keine Rolle spielt. Kinder kommen sozusagen als *universal phoneticians* auf die Welt.

Diverse Befunde sprechen dafür, dass diese Fähigkeit nicht erlernt ist – unter anderem die Beobachtung, dass auch Makaken-Affen zu solchen Unterscheidungen in der Lage sind. Gegen Ende des ersten Lebensjahres verlieren Kinder diese Begabung allmählich und hören nur noch die für die Umgebungssprache(n) relevanten phonematischen Unterschiede. Auslöser dafür, dass sie das Talent eines *universal phoneticians* wieder verlieren, dürfte ihr im 9. Monat aufkeimendes Verständnis dafür sein, dass Lautsequenzen im Prinzip etwas *bedeuten* (vgl. Szagun 2008, 49). Dies lenkt ihre Aufmerksamkeit bevorzugt auf kommunikativ relevante Laute und Lautdifferenzen in der unmittelbaren Umgebungssprache (in der Regel die Muttersprache bzw. bei mehrsprachigen Kindern die im näheren Umfeld gebrauchten Sprachen) und rückt andere Differenzen in den Hintergrund. Prinzipiell bleibt die auditive Unterscheidungsfähigkeit allerdings unbewusst erhalten (vgl. Jusczyk et al. 1993).

Lautproduktion

Die *Lautproduktion* hängt anfangs eng mit artikulatorischen Fähigkeiten zusammen. Die Artikulationsorgane sind erst im 3. Lebensmonat ausgereift, so dass der Säugling mit Schreien beginnt, in den ersten Wochen unspezifische Laute produziert (Seufzen, Grunzen, Schmatzen, Schnalzen etc.) und nach einigen Wochen erste Vokale und (velare) Konsonanten bildet. Diese Lautäußerungen ab dem 3. Monat werden als *Gurren* bezeichnet. Grundsätzlich werden beinahe vier Mal mehr Vokale als Konsonanten gebildet; am Ende des ersten Lebensjahres sind es immer noch doppelt so viele. Ab dem 4. Monat kann das Kind kompliziertere Laute bilden, ahmt die Laute der Mutter mit den ihm zur Verfügung stehenden Möglichkeiten nach und beginnt nach fünf bis sechs Monaten das ‚Spiel mit der Stimme', aus dem deutlich Vokale und Konsonanten herauszuhören sind. Es folgt die *Lall*phase (ab 0;7), in der bevorzugt aus Konsonant und Vokal bestehende Silben wiederholt werden (*bababa, lalala, dadada, nenene, dididi, ...*). Erst ab dem 10. Monat werden unterschiedliche Konsonanten in diesen Folgen variiert, d.h., die Artikulationsstelle wechselt (*dada – daba*). Unabhängig von der jeweiligen Muttersprache stimmen Kinder in der Lallphase in über 90 % der gebildeten Konsonanten überein. Kinder beginnen jetzt zu *babbeln*, d.h. sie bilden Lautsequenzen, die phonotaktisch und hinsichtlich der Lautmelodie Einheiten (etwa Wörtern) der Umgebungssprache ähneln. Mit 2;6 werden fast alle Vokale und ca. 2/3 der Konsonanten beherrscht; mit 4;0 gibt es nur noch wenige Probleme mit Konsonanten. Mit 6;0-7;0 vermag das Kind flüssig sowohl Vokale wie Konsonanten zu bilden, doch gibt es eine große Variationsbreite (Locke 1995).

Lauterwerb im Sprachvergleich

Sprachvergleichende Studien haben Ähnlichkeiten beim Lauterwerb festgestellt. Diejenigen Laute, die zuerst erworben werden, sind auch diejenigen, die am häufigsten und quer über viele der über 6000 Sprachen der Welt vorkommen. Jene, die spät erworben werden, kommen in weitaus weniger Sprachen vor. Vokale werden immer vor Konsonanten erworben. Der Erwerb der Konsonanten folgt bestimmten Vorlieben für den Artikulationsort: Labiale werden zuerst erworben, mit gewissen Unterschieden zwischen Sprachen folgen Velare, Alveolare und Palato-Alveolare. Dentallaute werden erst spät erworben. Sobald das Kind neue phonemische Kontrastpaare erwirbt, geschieht dies fast immer über Beispiele, in denen der Kontrast am Wortanfang auftritt. Und schließlich gibt es im Erwerb eine Korrelation zwischen Auftretenszeitpunkt von Lauten und deren Häufigkeit in der Umgebungssprache (O'Grady/Dobrovolsky/Katamba 1996, 467ff).

Vergleich kindlicher und erwachsener Lautäußerungen

Wie unterscheiden sich (rein deskriptiv) die kindlichen Lautäußerungen von denen Erwachsener? Meibauer et al. (2007, 264) differenzieren Silbenstrukturprozesse (auf der Ebene von Silben und auf Wortebene) sowie Substitutionsprozesse und Harmonisierungsprozesse (mit Blick auf einzelne Laute oder aufeinanderfolgende Lautsequenzen). Einige ausgewählte Beispiele:

Reduplikation ganzer Silben:	Wauwau, dada
Auslassung unbetonter Silben:	[nane] Banane
Reduktion von Mehrfachkonsonanz:	[Kate] Katze; [fide] Fliege
Auslassung finaler Konsonaten:	[ape] Apfel
Substitution:	[bek] Bett
Harmonisierung:	[pu:bel] Pudel

Ein letztlich noch nicht endgültig geklärtes Problem in der Forschung ist, ob diese Prozesse darauf hindeuten, dass Kinder bereits eine erwachsenenähnliche Repräsentation des *Phonem*systems mit Regeln ihrer Sprache im Kopf haben, dessen Umsetzung noch zu komplex ist, oder ob sie nur entwicklungsbedingte Beschränkungen bei der Artikulation von Lautsequenzen haben, die sie als Ganze, unabhängig von phonologischem Schemawissen, imitieren wollen. Veranschaulicht wird die Problematik gerne am Beispiel des sog. *Fis-Phänomens.*

Dialog mit einem Kind über einen Spielzeugfisch, den das Kind [Fis] nennt, da es Fisch noch nicht sagen kann. Der Gesprächspartner fragt: „Ist das Dein Fis?". „Nein", antwortet das Kind, „mein Fis". Das Kind ist erst zufrieden, nachdem die Frage richtig wiederholt wird „Ist das Dein Fisch?". „Ja" antwortet es, „das ist mein Fis" (vgl. Berko/Brown 1960, 531).

Worterkennung

Eine interessante Frage ist, ob und wie Säuglinge Wörter erkennen. Babys entwickeln ab dem 7. Monat eine besondere Aufmerksamkeit für phonotaktische Muster, Silbenstrukturen und prosodische Charakteristika ihrer Umgebungssprache, die es ihnen erlaubt, Wörter in ihrer Sprache zu erkennen. Offensichtlich abstrahieren sie dabei allgemeine silbische Muster, mit deren Hilfe sie andere, aber ähnlich gebildete Wörter oder Kunstwörter erkennen, obwohl sie deren Bedeutung noch nicht verstehen. Sie scheinen eine unbewusste statistische und distributionelle Analyse des Inputs vorzunehmen und sich dabei an bestimmten prosodischen Eigenschaften, an der Häufigkeit des Auftretens und an der Verteilung (Distribution) von Lautsequenzen im Lautstrom zu orientieren. Aber erst kurz vor dem 1. Geburtstag beginnen Kinder, die Bedeutung von Wörtern zu verstehen.

Vom phonetischen zum phonologischen Erwerb

Auf dieser Grundlage beginnen Kinder in aller Regel im Alter von einem Jahr (also sobald sie allmählich, in Äußerungen Bedeutung erkennen) selbst erste *Protowörter* zu bilden. Im Gegensatz zu früheren Lautäußerungen werden diese mit kommunikativer Absicht, also bedeutungsvoll geäußert. Der Übergang von der Lall- und Babbelphase in die Phase der Protowörter vollzieht sich *kontinuierlich*. Viele der bereits beherrschten Lautsequenzen und Silbenmuster werden nun bei der Produktion von Protowörtern verwendet, doch haben sie wenig zu tun mit den von Erwachsenen gebrauchten Wörtern. Im Alter von 1;6 verfügen viele Kinder über ca. 50 solcher Wörter.

Carolines früher Wortschatz

deiktische Ausdrücke

ab 0;11.25 des, dis, da, de (mit Zeigegesten)
1;04.23 guck ma (guck mal)
1;06.01 dis/bis da! (das da)
1;06.13 mach auf

Worte

0;11.25 Didi, Dizi (Schnuller)
1;00.19 noe (nein)
1;00.19 muh (Kuh)
1;00.23 br (Auto)
1;01.02 die pfer (die Pferde)
1;01.02 nei (nein)
1;01.30 z/s (heiß, wird als Eigenschaftswort für Dinge benutzt, die verboten sind)
1;03.20 be/baby (Baby)
1;03.20 i (ich)
1;03.29 au/auf (sowohl für auf als auch für zu)
1;03.29 be (Ball)
1;03.29 ein gack/ gack ga/ gack gack gack (ein Huhn)
1;03.29 de baby (das Baby)
1;03.03 nei/nein
1;04.03 nich (nicht)
1;04.03 eia/heia (beim Schlafen gehen)
1;04.03 ja
1;04.07 mama
1;04.07 eis/ au au (heiß)
1;04.07 tick ta (Uhr)
1;04.07 au (auch)

1;04.23	bäje/a bär (ein Bär)
1;06.01	n baum (ein Baum)
1;06.01	erdbeerle (Erdbeere)
1;06.01	aufgemach (aufmachen)
1;06.01	leila/laterna (Laterne)
1;06.01	mäh (Schaf)
1;06.01	derne/sterne (Sterne)
1;06.01	Wasser
1;06.01	n ball (ein Ball)
1;06.02	tiger
1;06.02	onna (Puma)
1;06.02	heiß
1;06.13	meine (für Dinge, die ihr gehören)

readyness for communication

Babys sind mit weiteren Talenten gesegnet: Sie bevorzugen menschliche Gesichter gegenüber anderen Gegenständen, reagieren auf Blicke der Mutter, auf Lächeln und sie zeigen ein ausgeprägtes mimisches und in geringerem Umfang auch lautliches Imitationsverhalten (letzteres wird u.a. dadurch eingeschränkt, dass, wie bereits erwähnt, der Vokaltrakt in den ersten drei Monaten noch nicht endgültig ausgebildet ist). Colwyn Trevarthen, einer der führenden Säuglingsforscher, spricht angesichts der genannten Fähigkeiten von einer *readyness for communication* bei Neugeborenen.

Spiegelneuronen

Neurowissenschaftler haben ferner entdeckt, dass das neuronale System und der Organismus in einem bestimmten Sinn auf Bewegungen und Handlungen anderer so reagieren, als seien es selbst ausgeführte. Ein in bestimmten Hirnstrukturen verankertes sog. *supramodal perceptual system*, in dem motorische und sensorische (vor allem visuelle) Informationen vereinigt sind, kodiert eigene Bewegungen, aber auch die anderer Personen in einem einzigen neuronalen Substrat (Rizzolatti/Arbib 1998). Wahrnehmung und Vorstellung einer Bewegung bei sich selbst und bei anderen lösen dieselben Aktivitätsmuster im Gehirn aus, was unter der etwas reißerischen Überschrift *Spiegelneuronen* mittlerweile auch in der breiten Öffentlichkeit bekannt ist (zu Differenzierungen siehe Bråten 2002, Trevarthen 2004). Neugeborene können ihre Körperbewegungen modifizieren, um sie an die Bewegungen der Erwachsenen anzupassen und sich mit ihnen zu identifizieren (z.B. wenn Babys das Herausstrecken der Zunge von Erwachsenen nachzumachen versuchen, was bereits 42 Minuten (!) nach der Geburt beobachtet werden konnte; Meltzoff/Moore 1985). Und schließlich bilden Kleinkinder in der Interaktion mit ihrer Umgebung ein Empfinden von sich selbst heraus. Indem sie ihre Verhaltensmöglichkeiten und Verhaltensbeschränkungen ausprobieren, entwickeln sie ihr *ökologisches Selbst*, das eng mit sensomotorischen, perzeptuellen, motivationalen und emotionalen Regulierungsprozessen gekoppelt ist, auf das fortan neue Erfahrungen bezogen sind und das die (körperlich-emotionale) *Origo* für künftige Verhaltensweisen abgibt.

Die lebhafte soziale Interaktion zwischen Kind und Bezugspersonen, die durch diese überwältigende Kommunikationsbereitschaft des Neugeborenen ausgelöst wird, führt zu einer Ausdifferenzierung der Fähigkeit, Lautmelodien, Prosodien und Intonationen, Stimmen und Stimmlagen, schließlich auch ganze formelartige Sprachsequenzen zu speichern und zu unterscheiden, Gesichter zu erkennen und gestische sowie mimische Ausdrucksformen zu erinnern.

Proto-Konversationen

Mit vier bis acht Wochen begeistern Säuglinge die Umgebung mit entwaffnendem Lächeln, und wenige Wochen später kann in Interaktionen zwischen Kind und Bezugspersonen eine wechselseitige Rhythmik beobachtet werden, die es gerechtfertigt erscheinen lässt, von *Proto-Konversationen* zu sprechen. In diesen Proto-Konversationen werden Gliedmaßen, Mimik, Gestik, Muskelspannung und Lautproduktion in musterförmig koordinierter Form eingesetzt, nicht mehr nur zur Imitation von Erwachsenenverhalten, sondern deutlich als Ausdruck von Affekten oder aber zum Einfordern von Zuwendung und Engagement im interaktiven Sprecher-Wechsel. Das Kind kann solche Proto-Konversationen aktiv suchen, es kann sie unterbrechen und es kann sie abbrechen. Stört die Mutter die Konversation, indem sie plötzlich keine Miene mehr verzieht (was man in sog. *still-face*-Experimenten untersucht; Tronick et al. 1978), versucht das Kind zunächst mit zunehmender Aktivität das Wechselspiel wieder zu beleben, bis es schließlich frustriert aufgibt. Man weiß auch, dass bei Müttern, die eine postnatale Depression erleben oder die aufgrund von Alkoholproblemen apathische Phasen durchlaufen, Störungen in diesen Proto-Konversationen auftreten können, die eine erhebliche Belastung für die weitere kindliche Entwicklung darstellen.

Verkörperte Kommunikation

Vasudevi Reddy (1999, 33ff) schlägt für diese Proto-Konversationen den treffenden Vergleich mit einem Jazz-Orchester vor. Jazzmusiker, von denen sich jeder als eigenständiges Selbst erlebt, wollen keine abstrakten Botschaften von Kopf zu Kopf übermitteln, sondern sie *schaffen* Kommunikation in der Aktion des Spielens, indem sie sich gegenseitig anregen, inspirieren, sich flexibel und gleichzeitig aufeinander bezogen im Spiel und der Themenvorgabe abwechseln und dadurch letztlich ein gemeinsames Neues schaffen. Man kann sagen, dass diese Form der Kommunikation im aufeinander abgestimmten Tun der gesamten Jazz-Band *verkörpert* (*embodied*) ist und nicht als abstrakter, vom körperlichen und emotionalen Zustand der Musiker ablösbarer, rein kognitiver Informationsübermittlungsprozess gedeutet werden kann. Genau so sind auch die Proto-Konversationen zwischen Mutter und Kind in den tatsächlich ablaufenden Interaktionen und nicht vorrangig in den Köpfen von Mutter und Kind verwirklicht. Mutter und Kind *konstruieren* und *verkörpern* gemeinsam erste Kommunikation in bestimmten Situationen und sie erzeugen dabei bestimmte Muster und Regelmäßigkeiten, die in diesen Situationen funktional sind.

Locke unterscheidet Laut- bzw. Stimmqualitäten, die er *indexikalische* nennt, von solchen, die er *affektive* nennt. Erstere ermöglichen es dem Säugling, seine engsten Bezugspersonen zu identifizieren und wiederzuerkennen – sie fungieren wie eine Art lautlicher oder stimmlicher Rockzipfel, an dem das Kind sich festhalten kann. Affektive Qualitäten, also etwa die emotionale Färbung der Stimme der Mutter, helfen, angenehme von weniger angenehmen Erfahrungen zu trennen, und die Verhaltensweisen der Bezugspersonen emotional zu interpretieren und einzuordnen.

Insgesamt erhöht sich durch die äußerst vielfältigen und intensiven vorsprachlichen Interaktionsrituale die Bindung zwischen Kind und Bezugsperson, es steigt die Wahrscheinlichkeit, dass das Kind stetig umsorgt und behütet wird, so dass sich – als *primärer* Effekt – die Überlebenswahrscheinlichkeit erhöht. Da das Kind dabei aber gleichzeitig sein Gehör für lautliche und sprachliche Ausdrucksweisen verfeinert, seine Aufmerksamkeit für Sprachliches übt, eine Reihe von prosodischen und phonotaktischen Sequenzen wie Fingerabdrücke der damit assoziierten Personen im Gedächtnis abspeichert und ansammelt, wird es *en passant* (*sekundärer Effekt*) auf den Erwerb von Sprache vorbereitet, für den genau solche Fähigkeiten von großem Vorteil sind. Auch erfordern Proto-Konversationen ein hohes Maß an Kooperationsbereitschaft auf beiden Seiten, die gleichfalls konstitutiv für sprachliche Kommunikation ist.

Wenn die abgespeicherten Sprachlauterfahrungen, Stimmsequenzen, Rhythmen, Prosodien und Melodien einen bestimmten Umfang im kindlichen Gedächtnis erreicht haben, werden sie im weiteren Verlauf der kindlichen Entwicklung durch die bis dahin ausgereifteren kognitiven Analysemöglichkeiten zum Gegenstand einer Re-Analyse und Re-Kategorisierung, die zum Aufbau grammatischer Kategorien und Schemata führen (dieser Prozess wird von Locke unter dem Ausdruck *grammatical system* zusammengefasst). Zwischen einem gelungenen Aufbau des *social cognition network* inklusive dem ersten Aufbau eines Wortschatzes einerseits und einer ungestörten grammatikalischen Entwicklung andererseits vermutet man Zusammenhänge. Denn erst wenn hinreichend viele Einheiten gespeichert worden sind, können Vergleiche angestellt und Kategorisierungsprozesse durchgeführt werden, die das Erkennen grammatischer Strukturen und sprachlicher Muster fördern (Goldberg 1999; 209).

Der Spracherwerb ergibt sich aus den Sprachvorläufern und Proto-Konversationen als *sekundäre* Konsequenz, während als *primärer* Effekt ein kooperatives soziales System aufgebaut wird, das Locke *social cognition network* nennt und welches das Überleben sichert. Dass das Kind damit beginnt, Laute zu äußern, zu ‚sprechen', ergibt sich letztlich aus einer jahrtausendelangen Evolution, die diese *Sprachvorläufer* als Überlebensvorteil selegiert hat.

Kindliche Spracherfahrungen, primäre und sekundäre Effekte (in Anlehnung an Locke 1999)

Vorläufer von sprachlichem Verhalten (precursors of language)	**Primäre Effekte**	**Sekundäre Effekte**
Kind erkennt unterschiedliche Stimmen in der Umgebung	Kind kann Bezugspersonen identifizieren, Stimmungen abschätzen	Kind wird für Eigenschaften seiner Sprache sensibilisiert
Kind speichert sprachliche Sequenzen der Bezugspersonen in der Umgebung	Kind hört diese Sequenzen wieder und kann Erwartungen über damit einhergehendes Verhalten aufbauen, Angstreduktion, Kind und Bezugspersonen können sich in der Stimmführung emotional aufeinander einstimmen, Austausch von Emotionen	Grundlage für imitatives sprachliches Verhalten, Kind wird auf späteren Erwerb von Wörtern bzw. Holophrasen vorbereitet, späteres Sprachverstehen wird gefördert, Kind speichert Material, dessen interne Strukturierung es später durch Vergleich, Segmentierung u.ä. zum Erkennen grammatischer Muster und Kategorien nutzt
Kind lallt und babbelt, äußert Proto-Wörter	Kind bekommt Aufmerksamkeit, wird sozial eingebunden, kann emotionale Zustände mit der Umgebung teilen, befriedigt seinen generellen Drang, auf die Umgebung einzuwirken	Kind wird in Grundformen des Gesprächsverhaltens eingeübt (Sprecherwechsel), es lernt neue Eigenschaften seiner Sprache kennen, gewöhnt sich an Äußerungsstrukturen und deren Artikulation, bereitet den Gebrauch bedeutungsvoller Einheiten (z.B. Wörter) vor
Sprachliche Vorläufer bewirken insgesamt:	**Aufbau eines sozialen Netzwerkes und sozialer Bindungen**	**Erwerb von Sprache: Aufbau struktureller Schemata, Sprachverstehen und Sprachproduktion**

Indem Kinder in den ersten Monaten äußerst eng in die kulturgeprägte Lebensform und die gemeinsamen, kooperativen Aktionen der Bezugspersonen einbezogen sind, wird ein *gemeinsamer Hintergrund kooperativen Verhaltens konstruiert,* vor dem Verhaltensweisen von Mutter und Kind wechselseitig nachvollziehbar und bedeutsam werden. Das Kind erlebt sich in den Proto-Konversationen als anderen ähnlich und beginnt zu ahnen, was in diesen vorgeht. Damit ist der Übergang vorbereitet zu dem, was Tomasello als Neunmonatsrevolution bezeichnet.

7.2 Die Neunmonatsrevolution

Precursors of Language begünstigen – wie wir gesehen haben – die soziale Bindung und sichern so das Überleben. Es bleibt jedoch noch offen, was diese *precursors* letztlich zusammenführt, so dass dann tatsächlich der eigentliche Spracherwerb als sekundäre Konsequenz einsetzt. Kinder könnten ja auch munter weiter imitierend Grimassen schneiden, gestikulieren und vor sich hin plappern, ohne irgendwann den Sinn sprachlicher Interaktion zu erkennen. Hauptsache, sie werden weiterhin umsorgt. Die für uns überzeugendste Antwort auf die Frage, warum normal entwickelte Kinder dieses Potential nach und nach zu einer ausgebildeten Sprachfähigkeit zusammenführen, finden wir in eben jenen zusätzlichen Fähigkeiten, die Michael Tomasello unter der (schwer zu übersetzenden) Bezeichnung *mind reading skills* oder *Intentionserkennen* zusammenfasst. Erst deren Herausbildung führt dazu, dass Kinder sich überhaupt für die *kommunikative Bedeutung* der Interaktionsmuster und Lautsequenzen interessieren, die sie in der protosprachlichen Phase beobachten, speichern, imitieren und selbst produzieren.

Fähigkeit zum Intentionserkennen

»Kapitalismus«, sagt die zweijährige Anna aus Bamberg zu ihren perplexen Eltern. Und ab sofort lässt sie das Wortungetüm immer dann fallen, wenn Mama und Papa in ernste Gespräche verwickelt sind – offenbar hat Anna begriffen, dass »ernsthaftes Gespräch« und »Kapitalismus« bei ihren Eltern irgendwie zusammengehören.

Quelle: http://www.zeit.de/zeit-wissen/2006/01/Spacherwerb_Titel.xml

Diese Fähigkeit zur Intentionserkennung wird aber ebenso wie die bereits weiter oben dargestellte Fähigkeit zur Mustererkennung unabhängig von Sprache entwickelt. Denn auch gehörlose Kinder entwickeln später eine (Gebärden-)Sprache (Tomasello 2008, 164). *Mind reading skills* befähigen ein Kind zunächst, Handlungen anderer als absichtsvoll, als intendierte Aktionen zum Erreichen eines Ziels zu interpretieren (die Mutter stochert nicht zufällig mit dem Finger in der Luft herum, sondern sie will auf etwas, z.B. ein Kuscheltier, zeigen). In einer zweiten Stufe helfen sie dem Kind, die kommunikative Bedeutung der Handlung zu erschließen (die Mutter will, dass das Kind das Kuscheltier sieht und danach greift). Die erste Stufe erfordert, dass das Kind sich in die Lage der Mutter versetzen kann, deren Perspektive einnehmen kann. Denn beide Partner müssen ein miteinander geteiltes Wissen davon haben, dass hier eine Handlung vorliegt, die vermutlich mit Absicht erfolgt. Die zweite Stufe erfordert, dass es eine gemeinsame Geschichte des Handelns in einer beiden vertrauten Umgebung gibt, aus der heraus die kommunikative Absicht zu erschließen ist. Damit beide Stufen wirksam werden können, ist grundsätzlich erforderlich, dass beide Partner Motive haben, sich in dieser Situation *kooperativ* zu verhalten, das gemeinsame ‚Spiel' wirklich spielen zu wollen. Damit eine Zeigegeste also etwas meinen kann, das andere verstehen können, zur *Mitteilung* werden kann, muss in einer kooperativen Atmosphäre das Bedürfnis bestehen, über etwas zu *informieren* und mit anderen etwas zu *teilen*. Genau diese beiden Motive werden übrigens in dem deutschen Verb *mitteilen* sehr anschaulich wiedergegeben.

Neunmonatsrevolution

Für Tomasello (2002, 69) ist das menschliche Verstehen von Artgenossen als intentionale Akteure „eine kognitive Fähigkeit, die aus der Identifikation des Menschen mit seinen Artgenossen hervorgeht, sehr früh auftritt und artspezifisch ist. Sie beruht auf der intentionalen Organisation seiner eigenen sensu-motorischen Handlungen, die der Mensch mit anderen Primaten teilt und die sich zwischen etwa acht und neun Monaten einstellt". Diesen Zeitpunkt nennt er wegen seiner besonderen Bedeutung *Neunmonatsrevolution*; diese Revolution markiert die entscheidende Differenz in der Entwicklung des Menschen gegenüber der Entwicklung aller anderen höheren Säugetiere. Was passiert in diesem Zeitraum, am Ende des ersten Lebensjahres?

7.3 Szenen gemeinsamer Aufmerksamkeit und common ground

Am Ende des ersten Lebensjahres, beginnend in der Regel im 9. Monat, verändert sich entscheidend etwas im Verhalten kleiner Kinder. Sie beginnen, konzentriert den Blicken der Mutter auf Ereignisse oder Objekte zu folgen. Wenn sie glauben, dasselbe zu sehen wie diese, rückversichern sie sich durch Blick auf die Mimik der Mutter, ob diese das bestätigt. Sie beobachten wesentlich genauer, was Erwachsene machen, und sie beginnen damit, nachzuahmen, was diese mit Objekten machen. Kinder haben selbst Absichten hinsichtlich der Objekte (sie wollen sie haben, etwas damit tun, die Aufmerksamkeit anderer darauf lenken) und wenden sich an diejenige Person in der Umgebung, von der sie vermuten, dass sie ähnlich empfindet und daher verständnisvoll ihre Absichten erfüllt. Dies setzt so etwas wie ein keimendes Bewusstsein von gemeinsam geteilten Zuständen und Absichten voraus. Mit anderen Worten, Kinder entwickeln eine (triadische) Beziehung zwischen sich selbst, einer anderen Person und der Welt. Aus der Mutter-Kind-Dyade wird eine Triade, die das Kind endgültig zu einem Mitglied der *symbolic species* Mensch macht.

Szenen gemeinsamer Aufmerksamkeit

Charakteristisch ist, dass ein solches Verhalten im Rahmen von *Sze-*

nen gemeinsamer Aufmerksamkeit erfolgt: Sowohl Kinder wie auch Erwachsene konzentrieren sich nur auf ganz bestimmte Aspekte einer Handlungsszene, innerhalb derer mit dem fraglichen Objekt etwas gemacht wird, und beide blenden irrelevante Aspekte aus. D.h., der aus der protokonversationellen Phase bereits vorhandene allgemeine Hintergrund, der kooperatives Handeln vorbereitet hat, wird situativ nochmals eingegrenzt auf einen momentan gültigen *common ground*. Kinder entwickeln so ein Verständnis dafür, worum es in der Situation gehen soll, ‚welches Spiel gespielt wird'. „Der entscheidende Punkt ist, daß Szenen gemeinsamer Aufmerksamkeit intentional definiert sind, d.h. sie erwerben ihre Identität und Kohärenz durch das Verstehen des Kindes und des Erwachsenen im Hinblick auf das, ‚was wir tun' im Sinne der zielgerichteten Tätigkeiten, mit denen wir befaßt sind" (Tomasello 2002, 118). Die Betonung liegt hier auf dem ‚wir', auf einer *geteilten* Intentionalität, im Gegensatz zu einer Situation, in der jeder für sich, Mutter wie Kind, etwas absichtsvoll tut.

Für das Kind geben die Szenen gemeinsamer Aufmerksamkeit den Rahmen ab, in dem ihm bewusst wird, dass sowohl die andere Person (z.B. die Mutter) wie auch es selbst eine Rolle in einer gemeinsamen Szene spielen und dass sie beide ihre Aufmerksamkeit auf etwas Bestimmtes richten (z.B. auf einen Ball, mit dem gespielt werden soll). Dies kann durch Blicke geschehen, und/oder durch hinweisende Gesten, und/oder durch sprachliche Hinweise. Das Kind sieht seinerseits den Ball mit einem bestimmten Interesse und nimmt Ähnliches auch von der Mutter an. Bei häufiger Wiederholung wird es, zunächst noch unbewusst, deren Zeigegeste imitieren. Es nimmt an, dass sie mit der Geste die Absicht (Intention 1) hat, irgendwie zu kommunizieren. Es weiß allerdings noch nicht, warum die Mutter seine Aufmerksamkeit durch Zeigen auf den Ball lenkt (den es ja ohnehin bereits gesehen hat), welche kommunikative Handlung sie damit also bezweckt (Intention 2). Es kann diese Absicht aber aus der Situation des Spiels und vergangenen Erfahrungen im gemeinsamen Ballspielen erschließen. Für das Kind heißt das: „Sie (die Mutter) will, dass ich den Ball hole". Dabei setzen beide kooperatives Verhalten voraus – dass beide das Spiel tatsächlich gemeinsam spielen wollen und nicht jeder für sich allein.

> „Collective intentionality presupposes [...] a sense of others as more than mere conscious agents, indeed as actual or potential members of a cooperative activity [...] the biologically primitive sense of the other person as a candidate for shared intentionality is a necessary condition of all collective behavior and hence of all conversation" (Searle 1990, 414/415).

Reziprozität von absichtsvoller Kommunikation

Ein Weiteres tritt hinzu: Auch die Mutter kann nun ihrerseits zum Adressaten der Verwendung der Zeigegeste durch das Kind werden; im *Rollentausch* wird klar, dass die symbolische Geste ihre Bedeutung nicht nur durch die Mutter erlangt, sondern durch ihre Verwendung im Spiel. Symbole und ihre Bedeutung werden somit zu etwas Intersubjektivem, es sind *sozial geteilte Symbole*, die ihre Bedeutung im Spiel behalten. Auch das Kind kann sie jetzt selbst (imitierend) verwenden, um die Aufmerksamkeit anderer zu beeinflussen und eigene Intentionen gegenüber der Mutter zu verwirklichen. Man spricht von der *Reziprozität* symbolischer Interaktion.

Transkript vom 02.04.1989 (89-04-02.cha)
Alter: 1 Jahr, 6 Monate, 2 Tage

(Situation: Caroline und Mutter spielen)

*MOT:	was ist denn dis (2.)?
*CHI:	da is (1.).
*MOT:	was ist denn dis (2.)?
*CHI:	n Ball (.) .
*MOT:	ja der Ball (2.).
(...)	

imperatives Zeigen

Kinder nach dem ersten Lebensjahr versuchen daher häufig in solchen Szenen gemeinsamer Aufmerksamkeit auf Gegenstände zu deuten und zwar in *imperativer* und/oder *deklarativer* Absicht. In *imperativer* Absicht sollen Erwachsene zu einer Handlung bewegt werden. Dabei geht es oft nur darum, Erwachsene wie verlängerte Werkzeuge zum Erreichen eines Gegenstandes zu benutzen. Allerdings gibt es einige Hinweise, dass Kinder sich beim imperativen Hinweisen durchaus auch Gedanken darüber machen, in welchem mentalen Zustand ihr Gegenüber ist (Tomasello, Carpenter, Liszkowski 2007, 714), ob er sie wirklich ‚richtig' verstanden hat. Denn selbst wenn sie (in einer experimentellen Spielsituation) erlangen, was sie wollen, sich aber (von Seiten des Experimentators absichtlich herbeigeführt) gleichzeitig missverstanden fühlen, sind sie unzufrieden und darum bemüht, das Missverständnis aufzuklären.

deklaratives Zeigen

In *deklarativer* Absicht geht es darum, die Aufmerksamkeit des Erwachsenen auf etwas zu lenken, sie mit ihm zu teilen. Das Kind will entweder informieren (= *informatives* deklaratives Zeigen) oder eine Erlebnisqualität ausdrücken und mitteilen (= *expressives* deklaratives Zeigen). Insbesondere die informative Funktion deklarativen Zeigens erfordert, dass das Kind Annahmen darüber gebildet hat, welche Information aus welchem Grund sein Gegenüber benötigt. Aber auch wenn es nur seine Begeisterung mit ihm teilen will (weil soeben eine Katze vorbeikommt), legt es Wert darauf, dass es in den mimischen oder sonstigen Reaktionen des Gegenübers etwas wahrnimmt, was gleichfalls auf Begeisterung hindeutet. Ist das nicht der Fall, intensiviert es seine Hinweisbemühungen. Bei Kindern, die hohe Aktivitäten des Zeigens entwickeln, ist mit einem raschen Erwerb von Objektbezeichnungen zu rechnen (Goodwyn/Acredolo

1993). Produzieren Kinder nach dem ersten Lebensjahr die Form *deklarativen* Zeigens nicht, gilt das als deutlicher diagnostischer Hinweis auf Autismus. Das Teilen gemeinsamer Aufmerksamkeit scheint autistischen Kindern nicht möglich zu sein (Tomasello, 2005, 34 unter Verweis auf Baron-Cohen 1995).

Am Beispiel des Zeigens, einer frühen und grundlegenden Form (vorsprachlichen) absichts- und bedeutungsvollen Kommunizierens, wird deutlich, dass Kinder mit neun Monaten beginnen, eine komplexere Form der Intentionalität zu entwickeln. Dies geschieht in einer kooperativen Atmosphäre, im Rahmen einer überschaubaren *Lebensform*, den *Szenen geteilter Aufmerksamkeit*. Vor einem gemeinsamen Hintergrund wird etwas durch eine Geste oder eine Äußerung hervorgehoben. Die Partner in diesen Szenen erleben sich wechselseitig als intentionale Akteure, die nicht nur die Aufmerksamkeit auf bestimmte Gegenstände oder Ereignisse lenken wollen, sondern zudem wünschen, dass ihr Gegenüber eine bestimmte Perspektive dazu einnimmt und die kommunikative Absicht entschlüsselt. Es ist kein weiter Weg von einer auf Gesten gründenden Kommunikation hin zur Verwendung lautlicher Hinweise – zunächst begleitend zur gestischen Form, später diese zum Teil ersetzend. Der Übergang erfolgt jedenfalls nicht abrupt, sondern allmählich; ein hinweisender Ausdruck wie *das da!* wird im Rahmen von Szenen gemeinsamer Aufmerksamkeit ebenso wie die zuvor entschlüsselte Zeigegeste in seiner situativen kommunikativen Bedeutung erschlossen. *Beide Partner wissen um die Bedeutung der Äußerung, da sie im Rahmen überschaubar strukturierter gemeinsamer Praxis ihre Bedeutung erlangt hat.* Damit ist prinzipiell die Tür für das Kind geöffnet, in die Welt komplexer sprachlicher Kommunikation einzutreten, die es erlaubt, wechselseitig differenzierte Perspektiven zu vermitteln. *Dies ist eine Blume, Dies ist eine Rose, Dies ist ein Geschenk* – jede Formulierung lenkt die Aufmerksamkeit auf eine andere Perspektive hinsichtlich des fraglichen Gegenstandes (Tomasello 2002, 129). Aber auch strukturellen Mustern einer Sprache ist Perspektivierungspotential inhärent, über sie lenken Sprecher die Aufmerksamkeit z.B. in die Vergangenheit (Tempus), sie kennzeichnen etwas als nur möglich (Modus), sie richten den Fokus auf bestimmte Aspekte einer Situation (*Papa hat die Flasche kaputtgemacht* vs. *Die Flasche ist kaputt*), etc. Das Kind kann diese Perspektivenvielfalt nach und nach erobern, indem es sich sprachliche Verfahren der Perspektivierung durch kulturelles Lernen aneignet – hat es doch jetzt grundsätzlich gelernt, wie sich die kommunikative Bedeutung von Äußerungen erschließen lässt. Ab diesem Zeitpunkt sucht es geradezu nach Bedeutungen. Ein Weiteres tritt hinzu: Indem sie sich in Szenen gemeinsamer Aufmerksamkeit im Rollentausch in die Perspektive anderer versetzen, nehmen Kinder plötzlich auch eine Außenperspektive auf sich selbst ein, auf ein Selbst, das bislang als rein ökologisches Selbst charakterisiert war. Sie sehen sich mit den Augen der anderen und sehen sich so selbst als intentionale Akteure, denen gewisse Motive, Bedürfnisse und Vorlieben oder sonstige Eigenschaften zugeschrieben werden. Es wundert nicht, dass sie jetzt erste Zeichen von Schüchternheit oder Scham zeigen – eine Art selbstreflexiver Entsprechung zu Reaktionen des frühen Fremdelns, das Kinder üblicherweise im 6. bis 8. Lebensmonat zeigen.

Aus der Neunmonatsrevolution gehen Kinder mit folgenden Fähigkeiten hervor (vgl. Tomasello 2003, 3):

- Sie können mit anderen Personen gemeinsam Aufmerksamkeit auf Objekte oder Ereignisse lenken.
- Sie lassen sich in ihrer Aufmerksamkeit durch Gesten Dritter, mit denen diese auf Objekte aufmerksam machen wollen, lenken.
- Sie sind selbst in der Lage, die Aufmerksamkeit anderer auf Objekte zu lenken – durch Zeigen (*pointing*), durch Vorzeigen oder andere nicht-sprachliche Gesten.
- Sie sind zu kulturellem Lernen von intentionalen Handlungen anderer fähig (durch Imitation), damit auch zum Lernen von kommunikativen Akten, die von kommunikativen Absichten begleitet sind.
- In Verbindung mit den bereits vorhandenen *allgemeinen Lern- und Mustererkennungsmechanismen*, die es Kleinkindern erlauben, Muster und Regelmäßigkeiten im nicht-sprachlichen und sprachlichen Input zu erkennen, sind Kinder jetzt imstande, bedeutungsvolle sprachliche Konstruktionen zu erwerben und deren funktional bedingte strukturelle Gliederung zu entdecken.

Aufgaben und Literaturvertiefung zu diesem Kapitel finden Sie unter http://www.daf-daz.uni-hannover.de/libac.html

8. Wie Kinder eine Sprache konstruieren

Ziele des Kapitels

In diesem Kapitel wird geklärt, welches die Grundeinheiten sind, die das Kind zu Beginn des Spracherwerbs nutzt. Die spezifische Sprechweise von Erwachsenen gegenüber Kindern wird dargestellt und ihre Funktion erläutert. Wir führen in die Konstruktionsgrammatik ein und zeigen, wie sie sich zur Erklärung des Erwerbs sprachlicher Strukturen und Schemata einsetzen lässt.

Warm-Up

„[L]anguage, as a complex, hierarchical, behavioural structure with a lengthy course of development ... is rich in sequential dependencies: syllables and formulaic phrases before phonemes and features ..., holophrases before words, words before simple sentences, simple sentences before lexical categories, lexical categories before complex sentences, and so on“ (Studdert-Kennedy 1991, 10).

„It is a general rule of both phylogeny and ontogeny that complex structures evolve by differentiation of smaller structures from larger. Accordingly, we do not expect children to build words from phonemes [...]; rather we should expect phonemes to emerge from words“ (Studdert-Kennedy 1991, 16).

8.1 Die Ausgangseinheiten im Spracherwerb

frozen phrases

Wer Kinder beobachtet, sieht, dass sie häufig genau so vorgehen, wie es obiges Zitat nahelegt. Sie beginnen mit sog. *frozen phrases* wie *schlaf schön* (von Lara 1.3 mit *la lö* imitiert und später auch eigenständig verwendet), ohne sich darum zu scheren, ob linguistisch vorgebildete Erwachsene darin Phoneme, Silben, Morpheme, ein oder zwei Wörter oder einen ganzen Satz erkennen wollen. Für sie besteht zunächst kein Bedarf, diese Konstruktion weiter zu zerlegen. Kinder wissen jedoch, in welcher Situation sie verwendet wird und was sie in dieser Szene gemeinsamer Aufmerksamkeit besagt. Mit zunehmenden Spracherfahrungen werden Kinder feststellen, dass ein oder mehrere Teile aus *frozen phrases* Teilen in anderen Sequenzen (*trink schön*) ähneln und kommen so darauf, dass sich aus beiden Konstruktionen z.B. eine Schablone der Art __ *schön* herauslösen lässt. Damit können sie durch Analogie neue, ähnliche Sätze bilden, doch bleibt dieses Schema in einem gewissen Sinn nur halb abstrakt, da es an das Lexem *schön* gebunden ist.

Frozen phrases beim L2-Erwerb

Diese Strategie ist nicht nur bei Kindern zu beobachten. Auch Erwachsene nutzen diese Strategie weitaus häufiger, als zu vermuten ist – sowohl bei der muttersprachlichen Sprachverwendung wie auch beim Fremdsprachenlernen. Schon 1983 hat Becker (218) diese Strategie genauer beschrieben: „suppose that, instead of shaping discourse according to rules, one really pulls old language from memory (particularly old language, with all its words in and everything) and then reshapes it to the current context: ‚context shaping', as Bateson puts it, ‚is just another term for grammar' (zitiert bei Ellis 1997, 47). Und Sinclair (1991) kommt nach Korpusanalysen zu dem Ergebnis, dass diese Strategie, die er unter *the idiom principle* fasst, bei Erwachsenen sogar die zunächst bevorzugte Strategie sei: „...a language user has available to him or her a large number of semi-preconstructed phrases that constitute single choices, even though they might appear to be analysable into segments. To some extent this may reflect the recurrence of similar situations in human affairs; it may illustrate a natural tendency to economy of effort; or it may be motivated in part by the exigencies of real-time conversation. However it arises, it has been relegated to an inferior position in most current linguistics, because it does not fit the open-choice model" (Sinclair 1991, 110). Ellis (1997) ergänzt mit Blick auf Butler (1995), dass in der gesprochenen Sprache fest gefügte Wendungen nochmals häufiger als im schriftlichen Korpus vorkommen, das Sinclair untersucht hatte. Darunter fallen Redemittel wie *Wie geht's?*, *Hallo, lange nicht gesehen!*, *Tschüss, bis bald!*, aber auch idiomatische Wendungen wie *zwischen zwei Stühlen sitzen*, ebenso Kollokationen wie *die Nase rümpfen* oder *purer Zufall* (vgl. Aguado 2002, 28).

gebrauchsbasierte Spracherwerbstheorien

Anders als Spracherwerbstheorien im Gefolge Chomskys tragen *gebrauchsbasierte (usage-based)* Theorien (Ellis/Robinson 2008) diesen Verhältnissen Rechnung. Sie gehen von der tatsächlichen Verwendung kommunikativ bedeutsamer Redemittel in konkreten Kommunikationssituationen bei Kindern aus. Die primären Einheiten im Spracherwerb sind bedeutungsvolle Sequenzen, deren Binnenstruktur und Binnenkategorien erst in einem späteren Schritt entdeckt werden können (nicht müssen). Im Grunde werden diese primären Einheiten, selbst wenn sie ganze Äußerungen umfassen, wie Wörter gelernt. Kleinere Einheiten, wie etwa Phoneme, Silben oder Morpheme, oder aber Relationen zwischen Einheiten (also z.B. das einem bestimmten Satz zugrundeliegende Satzschema) spielen zunächst keine Rolle. Sie sind ein eventuell noch zu entdeckendes Potential von kommunikativ verwendeten holistischen Items. Dieses Potential mit seinen isolierbaren Teilfunktionen erschließt sich aber erst im zweiten Schritt, etwa beim Vergleich der Verwendung mehrerer häufig zu hörender Items. Durch eine unbewusste, intuitive distributionelle Analyse lassen sich einzelne Teile mit vergleichbarer Funktion als Ganze in anderen Äußerungen identifizieren, verschieben, herauslösen oder ersetzen. Analoges gilt für das Verhältnis von Wörtern oder Wortarten zu Phrasen, von Phrasen zu ganzen Sätzen oder sogar für die Rolle von Äußerungseinheiten in ganzen Gesprächssequenzen (Fried/Östmann 2005, Imo 2007). Diese fortschreitende Entdeckung der Struktur von Äußerungen führt zum Aufbau abstrakterer produktiver Schemata, nach denen sich ähnliche Äußerungen in Analogie zu Ausgangsäußerungen bilden lassen. Bei dieser vom Ganzen ausgehenden Gliederung der Konstruktion in Komponenten können sich Kinder jedoch Zeit lassen. Niemand zwingt sie, diesen Prozess – einem Linguisten gleich – solange fortzuführen, bis *alle* Komponenten und Strukturmuster entdeckt wurden. Sie analysieren Konstruktionen sozusagen nach individuellem Bedarf, zugeschnitten auf ihre kleine Welt, die sie anfangs meist nur mit einigen Bezugspersonen teilen. Sie bilden Sätze nicht auf der Grundlage einer abstrakten Kombinatorik, sondern über funktionsbezogene Ähnlichkeitserwägungen.

Konstruktionen

Die **Konstruktionsgrammatik** (KG) stellt die derzeit prominenteste Gegenposition zur Universalgrammatik (UG) im Gefolge Chomskys dar. Zwischen Lexikon und Grammatik wird hier (anders als in der UG) kein Unterschied gemacht. Die Grundeinheiten sind *Konstruktionen*, die ähnliche Eigenschaften wie Wörter im traditionellen Sinn haben, nämlich eine Ausdrucksseite und eine Inhaltsseite, und die man im Sprachgebrauch erlernt. Konstruktionen reichen von einfachen (z.B. Morpheme) bis zu komplexen (z.B. Sätze) Konstruktionen, die aber alle als konventionalisierte, symbolische Einheiten mit einer Form und einer Bedeutung gesehen werden (sog. *Kontinuumshypothese*), wobei die Bedeutungsseite auch pragmatische Faktoren einschließt. Konstruktionen gehen auf im Sprachgebrauch verwendete Äußerungen zurück und werden im Gebrauch verändert, weswegen man hier von einem gebrauchsbasierten Ansatz spricht. Dasjenige, was in herkömmlichen Grammatiktheorien grammatische Strukturen sind, sind in der Konstruktionsgrammatik aus einzelnen Sprachvorkommnissen abstrahierte *Schemata*, die selbst eine Formseite und eine Bedeutungsseite aufweisen (also ihrerseits Konstruktionen sind). So kann man die Sätze *Stephan küsst Diana, Christine trifft Lara* und *Marie ruft Piña* als völlig getrennte Sätze sehen; sie können aber auch als einander ähnliche Realisierungen ein und desselben (produktiven) Schemas kategorisiert werden: *X Verb Y*. Ein solches Schema wird in der KG *Konstruktion* genannt; im vorliegenden Fall handelt es sich um eine (abstrakte) *Konstruktion*, mit der transitive Sätze klassifiziert oder gebildet werden können. Zur Bedeutung von Konstruktionen s. S. 73.
Konstruktionen, die einen niedrigeren Abstraktionsgrad haben und die keine variable lexikalische Füllung erlauben, werden als spezifisch bezeichnet. Sie entsprechen ungefähr dem Lexikon in traditioneller Sprechweise. Dazu gehören z.B. feststehende Wendungen (*das Kind mit dem Bade ausschütten*) oder einzelne Wortstämme. Insofern bilden Konstruktionen ein Kontinuum zwischen den Polen ‚abstrakt' und ‚spezifisch'. Bisweilen wird dies etwas irreführend als *Lexikon-Syntax-Kontinuum* bezeichnet, doch suggeriert diese Sprechweise die Existenz eines rein formalen, bedeutungsleeren Syntax-Pols im Kontinuum, den es laut KG in natürlichen Sprachen gar nicht gibt (zur KG siehe z.B. Goldberg 2006).

Wie identifizieren Kinder Konstruktionen? Die Aufnahmefähigkeit von kleinen Kindern hinsichtlich der Länge linearer Lautsequenzen ist begrenzt. Es stellt sich daher die Frage, *welche* holistischen Sequenzen sie nach welchen Kriterien aus den Lautströmen der Umgebung herausfiltern, die die Ausgangseinheiten des Spracherwerbs bilden.

Die Fähigkeit des Kindes, mithilfe seiner allgemeinen Lernmechanismen aufgrund von unbewussten statistischen Analysen des sprachlichen Inputs Muster und Segmente zu identifizieren, kann einen Teil der Erklärung liefern. Prosodische und phonotaktische Merkmale scheinen eine große Rolle dabei zu spielen, was ein Kind als Einheit aus dem Sprachfluss herausfiltert. Jusczyk/Friederici (1993) haben gezeigt, dass Kinder bereits mit sechs bis sieben Monaten Wörter aus dem Redefluss isolieren können, wobei sie sich offenbar das im Deutschen vorherrschende Silbenmuster (Trochäus) zum Anhaltspunkt nehmen. Höhle (2004) weist nach, dass sie mit 10 Monaten auch jambische Wörter erkennen (ohne diese zu verstehen). Im Verlauf des ersten Lebensjahres wird dieses ‚Archiv' ausgebaut, wobei Bezugspersonen durch Gebrauch der *Kindgerichteten Sprache* (*child directed speech*) diesen Vorgang sowohl erleichtern wie auch formen.

8.2 Kindgerichtete Sprache

Kindgerichtete Sprache

Erwachsene sprechen mit Kindern in einer spezifischen Sprechweise, der **Kindgerichteten Sprache** (auch: *child directed speech, motherese, Mutterisch, Ammensprache*). Protosprachliche Konversation zwischen Babys und ihren Bezugspersonen ähnelt dem Spiel einer Jazz-Band insofern, als sowohl Kind wie auch Bezugspersonen sich wechselseitig in ihrem Verhalten aufeinander einstellen. Dies gilt für Mimik, Blickkontakte, Tonhöhe und Sprechweise gleichermaßen. Dieses spezifische, auf die Möglichkeiten und Bedürfnisse des Säuglings ausgerichtete Verhalten wurde von Papoušek/Papoušek (1994) mit Blick auf die Bezugspersonen unter dem Begriff der intuitiven *elterlichen Didaktik* gefasst. Mit Blick auf die Sprechweise von Erwachsenen gegenüber kleinen Kindern wollen wir hier von *Kindgerichteter Sprache* (KGS, vgl. Szagun 2008) sprechen.

Bezugspersonen sprechen mit Säuglingen und kleinen Kindern anders als mit älteren Kindern und Erwachsenen, wobei es kulturspezifische und schichtspezifische Unterschiede gibt. Bezugspersonen können die Eltern sein, andere Erwachsene, aber auch Kinder ab dem Alter von vier Jahren (vgl. hier und im Folgenden Szagun 2008, Klann-Delius 2008, Snow 1977, Keller et al. 2005). Nicht immer richtet sich KGS an Kinder; auch in der Kommunikation mit Ausländern (*foreigner talk*), Haustieren, Pflanzen und Puppen können Merkmale der KGS beobachtet werden. Gleichzeitig hat KGS eine soziale und emotionale Funktion, insofern sie die Beziehung zwischen Kind und Bezugspersonen positiv verstärkt. Da KGS nicht in jeder Kultur auftritt, ist Spracherwerb prinzipiell allerdings auch ohne KGS möglich. Empirische Studien belegen, dass KGS den Erwerb bestimmter Bereiche in der Sprachentwicklung fördert, dass es aber auch Bereiche gibt, deren Erwerb eher negativ beeinflusst wird.

Positiv wirkt ein akzeptierender Stil, der den Themenvorgaben und Reaktionen des Kindes folgt und mit dem Kind die gemeinsame Aufmerksamkeit auf Objekte und Sachverhalte in der Umgebung richtet; negativ wirkt ein eher direktiver Stil, insbesondere, wenn er viele Imperative enthält, deren Satzbau (Verbstellung) eher untypisch für das Deutsche ist. Szagun (2008, 191) charakterisiert treffend eine Hauptfunktion der KGS: „KGS ist ein Weg einer Kultur, Sprache für kleine Kinder bedeutungsvoll zu machen". Sie erleichtert es Kindern, sprachliche Konstruktionen in Szenen gemeinsamer Aufmerksamkeit Objekten und Ereignissen zuzuordnen und die innere Gliederung von Szenen und Äußerungen zu erfassen. Kinder werden auf spätere Dialoge, z.B. auf Sprecherwechsel in Gesprächen, vorbereitet. Allerdings lässt sich aus KGS nicht eine eigenständige Theorie zum Spracherwerb ableiten, wie das im sog. *Interaktionismus* zum Teil versucht wurde. Einige hervorstechende Merkmale der KGS sind:

- veränderte, meist höhere Tonlage bis hin zur Übertreibung
- Pausen zwischen Äußerungen
- Prosodische Konturierung von Wörtern und Silben, Betonung von Akzenten, Gliederungssignale
- Verwendung lautmalerischer Ausdrücke
- Wiederholungen von Inhalten und Strukturen, z.T. mit Erweiterungen (Reformulierungen bzw. Korrekturen sowie Expansionen)
- Bevorzugung von Inhaltswörtern wie Nomen (vor allem Konkreta) und Verben
- Bezug zur Gegenwart
- kürzere Äußerungssequenzen, Verwendung von Einwortäußerungen
- Vereinfachung der grammatischen Strukturen
- zahlreiche Fragen und Aufforderungen
- Kind wird als Gesprächspartner gewürdigt

Bei zweisprachig aufwachsenden Kindern sind zusätzliche Strategien der Eltern zu beobachten, die insbesondere im Zusammenhang mit Sprachenwechsel im Redefluss (*Codeswitching* und *Codemixing*) auftreten (s. Kap. 9.2). Eltern können diese für den Sprachgebrauch bilingualer Kinder charakteristische Erscheinung durch subtile Verhaltensweisen ignorieren, kritisieren oder fördern und so in Richtung einer eindeutigen Sprachenwahl oder eines Zulassens zweisprachiger Rede beeinflussen (Lanza 1997).

Transkript vom 30.01.1989 (89-01-30.cha)
Alter: 1 Jahr, 4 Monate

(Situation: Caroline und Mutter schauen ein Bilderbuch an)
*MOT: ja die maeh maeh (2.) und da (4.) ist er bei den Pferden (4.) oh und da (11.) wer isn da guck mal Caroline (4.) .

*CHI:	gack gack gack [>] gack [<] .
*MOT:	ja [<] .
%gpx:	erfreut .
*CHI:	gack .
*MOT:	die Huehner (1.) da sind die gack gack gack gack (.) da guck mal (1.) .
*CHI:	gack (.) gack ga .

8.3 Wörter oder Konstruktionen?

Im Zusammenhang mit der Neunmonatsrevolution erfolgt eine erste Reanalyse und unbewusste Neubewertung der ‚holistisch' gespeicherten Einheiten: Das Kind ist jetzt darauf aus, den Lautäußerungen in seiner Umgebung und auch in seinem ‚Archiv' einen kommunikativen Sinn zuzuweisen. Es beginnt, Äußerungseinheiten zu verstehen. Das Archiv muss neu sortiert werden: Bedeutungsvollen Sequenzen wird mehr Aufmerksamkeit geschenkt, sie werden im neuronalen Netzwerk stärker gewichtet. Gespeicherte Sequenzen, die aus der Sicht des Kindes selten in bedeutungsvollen Kontexten auftreten (also in einem gewissen Sinn ohne erkennbare Funktion bleiben), verblassen im Gedächtnis. Neue Sequenzen, die bedeutungsvoll erscheinen, werden eingeprägt, solche ohne erschließbare Bedeutung allenfalls flüchtig verfügbar gehalten. Wenn das Kind erste kommunikative Äußerungen – meist als Imitationen der Sprache der Erwachsenen – produziert, kann es auf dieses Archiv zurückgreifen und ganze Sequenzen oder Teile davon (in dem Maße, wie es sie bereits artikulieren kann) in der Kommunikation verwenden. Das ist die zunächst dominante Strategie. Nach und nach entwickelt es Strategien, um die ‚auswendig' verfügbaren Einheiten der kommunikativen Situation anzupassen (z.B. durch Wortstellungsveränderung oder/und morphologische Markierungen).

Wörter oder Konstruktionen?

Aktuelle Daten zum Wortschatzerwerb im Deutschen legt Szagun (2004; 2008, 117) vor. Wir geben einige Ergebnisse wieder, auch wenn wir glauben, dass es aus konstruktionsgrammatischer Sicht durchaus fragwürdig ist, in diesem Stadium bereits von Wörtern und Wortkategorien zu sprechen. Denn Kinder beginnen mit Holophrasen, ganzen Äußerungen (oder allgemein gesprochen: mit Konstruktionen), die sich allerdings oft wie Wörter anhören und die auch typische Funktionen von Wörtern in traditioneller Sprechweise (z.B. etwas benennen) ausfüllen. Diese ‚wortähnlichen' Holophrasen (z.B. *Balla!*; *da!*) werden (ähnlich wie Protowörter) vermutlich deswegen verwendet, weil sie typischen phonetischen Mustern entsprechen, die Kinder anhand von lautlichen Merkmalen (Prosodie, Akzent etc.) bereits als Muster aus der Umgebungssprache extrahiert haben (vgl. Tomasello 2003, 61).

Eine Querschnittsstudie von Bates et al. (1994) an etwas über 1800 Kindern im Alter zwischen 0;8 und 2;6 zeigte, dass tendenziell zunächst Einheiten erworben werden, die zum Referieren dienen, anschließend solche, mit denen etwas prädiziert wird und schließlich solche, mit denen auch Relationen ausgedrückt werden können. Im Korpus von Szagun dominieren im Wortschatz von Kindern im Alter von 1;4 Nomen, die Gegenstände, Personen und Lebewesen aus dem direkten Umfeld betreffen, also z.B. *mama, auto, wau, papa, kuh, fahrrad.* Es folgen Funktionswörter wie *da, ja, nein, auf, hier, ab, weg,* während nur wenige Verben und kaum Adjektive vorkommen. Mit 2;5 ist der Wortschatz wesentlich ausgeglichener, wobei vor allem ab 1;8 die Verben aufholen. Dies entspricht in etwa den Prognosen von Bates et al. Mit gewissen Einschränkungen kann Szagun ein in vielen anderen Studien beobachtetes rapides Anwachsen des Wortschatzes (sog. *vocabulary spurt, Wortschatzexplosion*) kurz vor dem zweiten Lebensjahr bestätigen, wobei individuell erhebliche Unterschiede beobachtet werden können. Außer dem Alter scheint das Erreichen einer kritischen Masse von insgesamt ca. 50-100 Wörtern auslösend für den Vokabelspurt zu sein. Allerdings existieren Arbeiten, in denen der Vokabelspurt als Artefakt methodischen Vorgehens interpretiert wird (Münch 2005).

Vokabelspurt

Für das nach Wortarten zu differenzierende Anwachsen des Wortschatzes gibt es eine Reihe von Erklärungsangeboten, die diesen Bereich zu einem spannenden Feld der Spracherwerbsforschung machen. Interessant ist, dass z.B. im Koreanischen und Mandarin mehr Verben als Nomen unter den ersten 50 Wörtern sind (Gopnik/Choi 1995; Tardif 1996). Verben werden in diesen Sprachen sowohl nach Stellung wie auch nach Betonung in Äußerungen besonders hervorgehoben und weisen eine Reihe weiterer spezifischer Merkmale auf (Kauschke 2007). Offensichtlich hat die Art des Inputs Einfluss auf die Zusammensetzung des Anfangswortschatzes.

Unbestreitbar ist, dass der bedeutungsvolle Gebrauch von Wörtern erst nach der Neunmonatsrevolution beginnt und danach ein schnelleres Wortschatzwachstum erfolgt. Ferner sprechen zahlreiche Studien für einen engen Zusammenhang zwischen Wortschatzspurt und Einsetzen der Grammatikentwicklung, die sich im Korpus von Szagun (2008, 128) nach etwa 200 bis 300 Wörtern deutlich beschleunigt. Erklärungen hierfür sind vielfältig, doch scheint uns die aus konstruktionsgrammatischer Sicht geäußerte Vermutung Goldbergs (1999, 209) einleuchtend, dass erst ab einer gewissen Anzahl von gespeicherten bedeutungsvollen Holophrasen Vergleiche und Segmentierungen in kleinere funktionale Bestandteile von Konstruktionen durchgeführt werden können. Weitere ausführliche Studien zum Wortschatzerwerb für das Deutsche haben Behrens (1999), Kauschke (2007) und Elsen (1999) vorgelegt. Elsen weist deutliche Zusammenhänge zwischen der Verbesserung der Artikulationsfähigkeit, dem Ausbau des phonologischen Wissens und dem Wortschatzerwerb nach.

Wenn wir von Wörtern (wortähnlichen Konstruktionen) sprechen, kann man sich deren Bedeutung am einfachsten als eine Art Minitheorie vorstellen (Bickes 1993; Szagun 2008). Der Anwendungsbereich solcher Minitheorien weicht bei Kindern oft erheblich von dem Erwachsener ab.
Wenn Lara (1;7) mit *Agloglo* „Schlafanzug" zunächst nur ihren eigenen, gelben Schlafanzug meint, spricht man von **Unterdehnung/Untergeneralisierung**. Wenn Marie (2;2) *Gackgack* „Ente" auch beim Anblick von Schwänen ausruft, spricht man von **Überdehnung/Übergeneralisierung**. Die uns bereits bekannte kleine Caroline benutzt z.B. mit 1;01 *z/s* „heiß" als Eigenschaftswort für Dinge, die verboten sind.

Wir möchten indes nochmals zu bedenken geben, dass die Redeweise, Wörter bildeten den Ausgangspunkt im Spracherwerb, aus konstruktionsgrammatischer Sicht nicht wirklich konsequent erscheint, wenngleich sie auch bei VertreterInnen dieser Theorie anzutreffen ist. Insofern wäre eine konsequente Übersetzung traditioneller Ergebnisse in die Terminologie der Konstruktionsgrammatik erst noch zu leisten. Wenn wir trotzdem der Einfachheit halber von *Wörtern* sprechen, meinen wir damit im Grunde *wortähnliche Konstruktionen*. Wird von *Wortstellung* gesprochen, meinen wir damit die Reihenfolge verschiedener solcher Konstruktionen in einer größeren, zusammengesetzten Konstruktion.

Lieven/Behrens/Speares/Tomasello (2003) haben über sechs Wochen in dichten Intervallen die Sprache eines zweijährigen Kindes aufgezeichnet. Die über 537 Äußerungen des Kindes in der letzten Stunde der Aufzeichnungen (Zieltag) verglichen sie mit Äußerungen, die das Kind in früheren Stadien der Aufzeichnungen produzierte. 29,5% aller Äußerungen waren Mehrwortäußerungen. Dabei stellten sie fest, dass das Kind am Zieltag

- 21 % Äußerungen verwendete, die zuvor noch nicht vorkamen. 79 % hatte es bereits früher benutzt.

Unter den bereits früher benutzten Äußerungen waren:

- 37 % Mehrwortäußerungen, 63 % davon kamen in exakt derselben Form in früheren Aufzeichnungen vor.
- 74 % der Mehrwortäußerungen, die neuartig waren, folgten einem bestimmten Bildemuster: In einer früher bereits verwendeten Äußerung wurde ein Teil durch einen anderen ersetzt. So bildete das Kind unter Verwendung des zuvor schon häufig verwendeten Äußerungsbestandteils *Where's the* __ in der letzten Stunde die neue Äußerung *Where's the butter*.

Offensichtlich verwendete das Kind *Where's the* __ als eine Art teilabstraktes Bildeschema, das in den sechs Wochen der Studie mit Einheiten oder ganzen Phrasen vergleichbaren Typs gefüllt wurde. Ähnliches konnte bei den anderen neuartigen Mehrwortäußerungen festgestellt werden. Kinder können also je nach kommunikativem Kontext eine teilschematisch gespeicherte Äußerung verändern. Sie tun dies, indem sie Einheiten in Teilkonstruktionen einsetzen oder sie an sie anhängen.

formelhafte Sequenzen im L2-Erwerb

In der Frage nach den Ausgangseinheiten beim Spracherwerb überschneiden sich Diskussionslinien, die sowohl in der Erst- und Zweitspracherwerbsforschung wie auch in der Forschung zum Erwerb von Fremdsprachen aktuell sind. Denn auch in der Fremdsprachenerwerbstheorie wurde die Rolle formelhafter Sequenzen im Lernprozess sowohl außerhalb wie auch innerhalb des konstruktionsgrammatischen Ansatzes immer wieder aufgegriffen und mit der Rolle von ähnlichen Phänomenen im Erstspracherwerb verglichen (einen guten Überblick bieten Aguado 2002 und Wray/Perkins 2000). Mit Blick auf den Fremdsprachenerwerb versteht man unter formelhaften Sequenzen traditionell Einheiten, die in der Regel oberhalb der Wortebene angesiedelt sind, aber nicht durch Regeln konstruiert sind, und die bei einer Äußerung als Ganze, d.h. wie ein einzelnes Lexem aus dem Gedächtnis abgerufen und produziert werden. Terminologisch sind zahlreiche Varianten zur Definition und Bezeichnung dieser Einheiten im Gebrauch (vgl. hier und im Folgenden Aguado 2002, 30): *formulaic speech, lexicalised sentence stems, lexicalized phrases, prefabricated routines and patterns, Routineformeln, routines, formulae, formulas, chunks.* Im Rahmen aktueller Diskussionen in der Konstruktionsgrammatik zeichnet sich ab, dass man diese Termini im Begriff der Konstruktion zusammenfasst – somit Konstruktionen auf allen Ebenen ‚formelhaft' verwendet werden können.

> Kriterien, mit deren Hilfe man Einheiten als ganzheitlich (holistisch) gebrauchte ausmacht, sind: Häufigkeit des Vorkommens bei individuellen SprecherInnen, Invarianz bei wiederholtem Gebrauch, Äußerungsgeschwindigkeit und phonologische Kohärenz (flüssiges Sprechen ohne Pausen und Verzögerungen, selbst bei einer vergleichsweise hohen Komplexität in der Struktur), situative Angemessenheit und geringe Fehler- bzw. Störanfälligkeit. Diese Kriterien sind auch im Erstspracherwerb geeignet, will man holistisch gebrauchte Einheiten identifizieren.

Bei FremdsprachenlernerInnen führt eine hohe Ausprägung der genannten Charakteristika zu einer fast muttersprachlich anmutenden Kompetenz, die insbesondere die auf allen Ebenen des Sprechens präsente Idiomatizität einer Sprache einschließt. Demgegenüber ist ein auf kombinatorischer Kompetenz gestützter Sprachgebrauch anfälliger dafür, grammatisch mögliche Konstruktionen zu erzeugen, die in der Zielsprache gar nicht geläufig sind (**Stephan wäscht seine Zähne* statt *Stephan putzt seine Zähne*); auch ist hier grundsätzlich eine höhere Fehleranfälligkeit zu verzeichnen.

8.4 Wie das Kind Strukturen bildet

Vor der Neunmonatsrevolution haben Kinder bereits ein Verständnis davon erworben, dass sich ihr alltägliches Leben in verschiedene Handlungsszenarien gliedert, in denen sie mit den Bezugspersonen in Szenen gemeinsamer Aufmerksamkeit agieren. Diese lassen sich unterscheiden in *manipulative* Szenen, in denen z.B. etwas aktiv bewegt, geschoben, zerbrochen wird etc. oder Szenen, in denen sich Objekte vor einem Hintergrund bewegen, in etwas verschwinden, aus etwas hervortreten, erscheinen, etc. (sog. *figure-ground scenes*). Ganz ähnlich hatte bereits früher der Psychologe Jerome Bruner (1987) darauf verwiesen, dass Spracherwerb zu Beginn in bestimmten Handlungsformaten, d.h. standardisierten Interaktionsmustern zwischen Mutter und Kind, verläuft. Typisch wären etwa das Geben-Nehmen-Spiel oder auch das Verstecken und Wiederhervorholen von Objekten.

- Kinder lernen, dass diesen Szenen verschiedene Typen von *sprachlichen Konstruktionen* entsprechen, wobei Konstruktionen für sie zunächst routineartig gebrauchte sprachliche Sequenzen mit kohärenter kommunikativer Funktion sind.
- In erster Annäherung enthalten solche Konstruktionen in der Regel mindestens eine oder mehrere von vier symbolischen Teilkomponenten: 1) Wörter, 2) Markierungen von Wörtern, 3) Wortfolge, 4) Intonation. Ein Einwortsatz wie *Tschüss!* enthält ein Wort mit spezieller Intonationskurve, *weggegangt* enthält ein Wort mit Tempusmarkierung, *Wo Ball?* enthält ein durch Wortstellung und Intonation geformtes halbabstraktes Frageschema *Wo __?*, das statt *Ball* auch *Puppi* oder andere Gegenstands-/Personenbezeichnungen enthalten kann.
- Kinder können je nach Anlass *verschiedene kommunikative Ziele* in Bezug auf eine Basisszene ausmachen (z.B. kann man eine *Frage* über einen Gegenstand stellen *Balla?*, oder eine Aussage über ihn treffen; z.B. *da Balla!*, den Ball fordern: *Balla!* oder einfach etwas kommentieren).
- Kinder verstehen, dass auf eine Szene in verschiedenen kommunikativen Zusammenhängen *unterschiedliche Perspektiven* eingenommen werden können: (z.B. *Papa hat die Flasche kaputt gemacht; Die Flasche ist kaputt*).

Kinder hören in strukturierten Szenen gemeinsamen Handelns, in denen die Aufmerksamkeit gemeinsam auf bestimmte Vorgänge, Objekte oder Handlungen gerichtet ist, ein Inventar von (bedeutungsvollen) sprachlichen Konstruktionen (z.B. *Gib mir mal die Puppe!; Leg das mal auf den Tisch!*). Aus diesen zunächst ganzheitlich (*holistisch*) gebrauchten Sequenzen werden nach und nach allgemeinere Schemata abstrahiert. In den gemeinsamen Handlungsszenen lernen Kinder, dass sich diese gliedern lassen, dass es also in einer Spielszene, in der die Schwester die Puppe auf einen Tisch legt, jemanden gibt, die die Puppe bewegt, ferner eine Puppe, die bewegt wird, und einen Ort, wohin die Puppe bewegt wird. Das Kind begreift zunächst, dass die Mutter diesen Vorgang mit einer Äußerung begleitet (*Guck mal, Lara legt die Puppe auf den Tisch*). Es wird später sehen, dass in ähnlichen Handlungszusammenhängen die Person, die legt, eine andere ist (z.B. der Vater), dass aber die dazu passende Äußerung eine ähnliche Struktur aufweist – nur dass statt der Schwester jetzt der Vater als Verursachender (als Legender) genannt wird. Auch die Puppe kann durch etwas anderes, z.B. einen Ball ersetzt werden. Das Kind konstruiert aus den einzelnen spezifischen Äußerungen allmählich um das konstant bleibende Verb *legen* (Tomasello spricht von einer ‚Verbinsel') ein teilweise abstraktes Schema, etwa

___ legt die Puppe auf den Tisch

oder

Papa legt ___ auf den Tisch.

Es entsteht eine Art *konstruktives* Muster, d.h. eine Struktur, die zum Teil lexikalisch (also durch Wörter) gefüllt ist, aber auch Leerstellen aufweist mit einer bestimmten Wortstellung für den Legenden, das Gelegte und den Ort, das produktiv für neue Äußerungen genutzt wird. Und irgendwann merkt das Kind, dass diese Struktur

(NP + legen + NP + PP)

unabhängig von der lexikalischen Füllung, sogar unabhängig von dem Verb *legen* als syntaktische Struktur für alle Handlungsszenen eines bestimmten Typs genutzt werden kann, wie z.B. *Stephan wirft die Tasche auf den Stuhl.* Mit anderen Worten, das Kind erkennt, dass eine bestimmte, syntaktisch gegliederte *Konstruktion* in bestimmten Kontexten die Bedeutung einer ganzen Handlungsszene (jemand bewegt etwas irgendwohin) ausdrückt, unabhängig davon, welche Lexeme eingesetzt werden. Doch damit hat es bereits fast das Niveau der Erwachsenensprache erreicht.

scene-encoding-hypothesis

Es gibt Studien, die zeigen, dass Kinder besonders flexibel verwendbare, einfache Verben früh im Spracherwerb lernen und häufig verwenden. Im Englischen sind das Verben wie *go, put, get, do, make, sit* und andere (vgl. Bloom/Miller/Hood 1975). Dabei handelt es sich um Verben, die in Äußerungen zum Ausdruck von allgemeinen, für menschliches Handeln typischen Szenarien benutzt werden, wie sie in zwischenmenschlicher Interaktion häufig auftreten: Jemand nimmt etwas, jemand verursacht, dass etwas sich bewegt, jemand macht etwas mit etwas, etc. (Langacker 1991, 294-295 spricht von *conceptual archetypes*). Diese ‚ereignisnahen' Verben, die zudem sehr häufig im Input vorkommen, erleichtern es Kindern, prototypische Konstruktionsschemata zu bilden, mit denen diese archetypischen Ereignisse sprachlich strukturiert werden und geben ein gutes Vorbild ab für den weiteren Erwerb komplizierterer Verb-Konstruktionen (vgl. Goldberg 1995). Goldberg (1995, 39) formuliert entsprechend eine *scene-encoding-hypothesis*: „Constructions that correspond to basic simple sentence types encode as their central senses, event types that are basic to human experience".

Transkript vom 01.04.1989 (89-04-01.cha)
Alter: 1 Jahr, 6 Monate, 1 Tag

(Situation: Caroline und Mutter spielen)

*CHI:	Mama (.) ?
*MOT:	was solln wir machen (.) ?
*CHI:	dis da (.) !
*MOT:	ein Turm bauen (.) ?
*CHI:	nein (.) .
*MOT:	die Kloetze da rein tun (.) ?
*CHI:	aeh ja (1.).

Bei den konstruktiven Prozessen der zunehmenden Schematisierung syntaktischer Muster lassen sich nach Tomasello (z.B. 2006) die folgenden Phasen unterscheiden:

1. Holophrasen (ca. 12 Mon.)
2. Wortkombinationen (ca. 18 Mon.)
3. Verbinsel-Konstruktionen (ca. 24 Mon.)
4. Erwachsenen-ähnliche Konstruktionen (ca. 36 Mon.)

Ad 1: Holophrasen. Der Übergang zum Gebrauch von Holophrasen ist fließend, zum Teil überlagern sich gestische und sprachliche Kommunikationsversuche. Mit den Holophrasen können Aufforderungen ausgesprochen werden (imperativer Gebrauch), es kann auf Dinge hingewiesen werden (deklarativer Gebrauch) oder es werden Fragen formuliert (interrogativer Gebrauch), indem die intonatorischen Muster variiert werden. Im Wesentlichen benutzen Kinder Holophrasen, um

- nach Objekten zu verlangen oder diese zu beschreiben (dabei nennen sie das Objekt beim Namen mit einer auffordernden oder neutralen Intonation);
- das Wiederauftreten von Objekten oder Ereignissen zu verlangen (*mehr, wieder*);
- das Wiederauftreten von dynamischen Ereignissen, in die Objekte eingebunden sind, zu verlangen oder diese zu beschreiben (*durch, hoch, 'runter, an, aus*);
- nach Handlungen von Personen zu verlangen oder diese zu beschreiben (*essen, malen, trinken*);
- lokale Angaben zu Objekten und Personen zu machen (*hier, draußen*);
- elementare Fragen zu stellen (*Was-das?, Wo-gehen?*);
- Eigenschaften von Objekten zu nennen (*schön, nass*);
- in sozialen Situationen zu (re)agieren (*Hallo, Tschüss, Danke, Nein*)
- Auch einzelne längere formelhafte Sequenzen aus der Erwachsenensprache werden u.U. direkt als Holophrasen in entsprechenden Situationen produziert (*Tschüss bis morgen, Zeig 'mal her!*)

Cameron-Faulkner, Lieven und Tomasello (2003) haben in einer empirischen Studie festgestellt, dass die Auftretenshäufigkeit sowohl von Konstruktionstypen wie auch Wortarten in der Umgebungssprache einen großen Einfluss darauf hat, welche Konstruktionen in den ersten Holophrasen auftreten, und welche Wortarten oder Wortbestandteile (z.B. Präfixe von Präfixverben; aus *austrinken* wird: *aus!*) darin vorkommen.

Carolines frühe Konstruktionen

1;06.13 ich brauch ninna(?) (beim Malen)
1;06.13 muss blau nehm
1;08.08 wau wa/ wau (Hund)
1;08.08 leine/ deine (alleine)
1;08.08 aufmach/ aufwach (aufmachen)
1;08.08 mam (Mann)
1;08.08 eier/eia (Eier)
1;08.08 mal (malen)

Ad 2: Wortkombinationen (ca. 18 Monate). Mit Anwachsen des Bestandes an Holophrasen beginnen Kinder, die innere Struktur weiter nach funktionalen Einheiten, wie sie auch in außersprachlichen Szenen auftreten, zu gliedern. Dabei spielen Gesprächssequenzen wie

Kind: *Mehr*! Mutter: *Magst Du noch Milch*?

eine große Rolle. Erste (oft fehlerhafte) Kasusmarkierungen sind zu beobachten (zunächst verschiedene Artikelformen (z.B. *der, den*; *ein, eine*), danach Akkusativ- und Dativmarkierungen; letztere noch sehr fehlerträchtig). Sie bemerken Gemeinsamkeiten im Aufbau verschiedener Äußerungen in Form von halbabstrakten Schemata, die sich auch produktiv nutzen lassen. So erkennen sie:

- Verschiedene Wörter stehen für verschiedene Komponenten einer Szene: *mehr Saft* (das Ereignis/das damit verbundene Objekt);
- Ein Ereigniswort wird mit unterschiedlichen Objekten verwendet: *mehr Saft, mehr Milch, mehr Tee;*
- Diese weisen ein konstantes (Wortstellungs-)Muster für das Ereigniswort und das Objekt auf: *mehr* ___!

Daraus ergibt sich ein erstes produktives Schema für Wortkombinationen um einen feststehenden Angelpunkt (*Pivot*; daher spricht man von *Pivot*-Grammatik).

Konstantes Element (Pivot)	Variabler Slot (Leerstelle)
mehr	___
mehr	Milch

Ad 3: Verbinsel-Konstruktionen (ca. 24 Monate). Das Kind erkennt jetzt in handlungsbezogenen Diskursen, dass um ein konkretes Verb weitere austauschbare Positionen auftreten. Diese nimmt es noch verb- bzw. handlungsspezifisch wahr, noch nicht verallgemeinert als z.B. AGENS, PATIENS, INSTRUMENT. In einer Äußerung, in der das Verb *werfen* vorkommt, identifiziert es einen Werfer sowie das Geworfene und merkt, dass man in diese Positionen unterschiedliche Personen, Objekte etc. einsetzen kann. Dabei wird bereits auf die Wortstellung geachtet; morphologische Markierungen (z.B. Kasus) werden verwendet, um Rollen zu kennzeichnen. Tomasello nennt diese in konkreten Gebrauchsinstanzen gründenden halbabstrakten und an ein konkretes Verb gebundenen Schemata *Konstruktionsinseln*:

Konstruktionsinseln

Legen:	Legende Person – Handlung (*legen*) – Gelegtes Objekt
Werfen:	Werfende Person – Handlung (*werfen*) – Geworfenes Objekt
Zerbrechen:	Zerbrechende Person – Handlung (*zerbrechen*) – zerbrochenes Objekt
Zerbrechen:	Zerbrochenes/zerbrechendes Objekt – Ereignis (*zerbrechen*)

Ad 4: Erwachsenenähnliche Konstruktionen (36 Monate). Erst in diesem Stadium erkennt das Kind allgemeinere Muster (dass sich z.B. die Konstruktionen von *Werfen* und *Geben* ähneln) und beginnt abstraktere, produktiv verwendbare Konstruktionsschemata zu formen. Unbewusst reagieren Erwachsene darauf ihrerseits mit komplizierteren Angeboten, so dass Anreize für weitere Entwicklungsschritte gegeben sind. Der Prozess der Schematisierung führt vom Spezifischen zum Abstrakten und entspricht so dem allgemeinen Muster, mit dem auch in anderen (nichtsprachlichen) Bereichen Lernen verläuft. So entsteht ein Gespür dafür, dass allgemein Handelnde (AGENS) in präverbaler Position stehen, das PATIENS hingegen in postverbaler Position, so dass Konstruktionen wie NP VP NP schematisch mit Funktionen in der (transitiven) Konstruktion verknüpft werden. Anzeichen für abstraktere Konstruktionen beim Kind sind z.B. Übergeneralisierungen oder kreative Neubildungen. In Experimenten mit Kunstwörtern (z.B. *trammen*) sind Kinder in der Lage, dieses transitive Schema produktiv für die Beschreibung einer passenden Handlung in einer Abbildung zu verwenden: *Der Hund trammt den Ball* (Szagun 2008, 111). Schließlich können auch bereits zusammengesetzte Konstruktionen in die Leerstellen von Schemata eingefügt werden können, so dass nach und nach komplexe Satzstrukturen entstehen können. Aus zwei Konstruktionen (1) und (2) wird (3) kombiniert:

(1) *Siehst Du ____;*
(2) *Wie schön Marie Dreirad fährt!*
(3) *Siehst Du, wie schön Marie Dreirad fährt!*

Zusammenfassend kann festgehalten werden, dass frühe Konstruktionen im Verlauf des Erwerbs komplexer und abstrakter werden und dass sukzessive auch allgemeine Kategorien innerhalb der Konstruktionen gebildet werden. Um der steigenden Komplexität gerecht zu werden und um funktionale Rollen zu markieren, werden nach und nach auch morphologische Schemata (wie Kasus, Numerus, Genus) und die entsprechenden Markierungen aufgebaut. Dabei spielt die bereits im frühen Säuglingsalter vorhandene allgemeine Fähigkeit zur Mustererkennung eine wichtige Rolle, da Kinder sich z.B. bei Plural- und bei Genuszuweisungen stark an lautlichen Charakteristika der Wörter orientieren. Auch beim Erwerb der Kasus wirken akustische Einflüsse im Input erschwerend oder erleichternd. Während Kasus-Markierungen schon recht früh auftreten (z.T. um 2;0), aber noch lange, weit über 3;0 hinaus, hohe Fehleranfälligkeit aufweisen, ist die als äußerst ‚schwierig' geltende Kategorie Genus bereits mit 3;0 stabil erworben. Plural wird gleichfalls früh verwendet (Caroline zeigt in unseren Beispielen mit 1;10 erste Pluralformen), macht aber auch über 3;0 hinaus noch regelmäßig Fehler. Wir können weitere Einzelheiten in diesem Rahmen nicht ausführen (siehe aber Szagun 2008, 85ff).

Insgesamt sollte deutlich geworden sein, dass eine konstruktionsgrammatische Erklärung des Spracherwerbs durchaus geeignet ist, das *Erwerbsproblem* gar nicht erst entstehen zu lassen.

Aufgaben und Literaturvertiefung zu diesem Kapitel finden Sie unter http://www.daf-daz.uni-hannover.de/libac.html

9. Doppelter Erstspracherwerb

Ziele des Kapitels

Dieses Kapitel behandelt den gleichzeitigen Erwerb von mehr als einer Sprache von Geburt an. Dabei wird gezeigt, dass verschiedene Einzelsprachen auch unterschiedliche Perspektivierungsmöglichkeiten bereitstellen. Der Erwerb zweier Sprachen folgt weitgehend denselben Lernmechanismen, die beim Erwerb einer einzigen Sprache wirksam sind.

Warm-Up

„Leopold's daughter Hildegard knew both *please* and *bitte*, but used the English words in formal situations, while the German one was used in familiar contexts“ (Romaine 1999, 259).

„When he [Saunders] told his son Frank at age 4.3 that everyone in Germany spoke German, the child said: *Sie sind Nachäffer. Das ist unsere Sprache*“ (Romaine 1989, 178).

„Saunders (1982, p. 114) notes that he was warned by a doctor just after Thomas's third birthday that speaking two languages was too great a burden and was inhibiting his acquistion of English“ (Romaine 1999, 272f).

9.1 Mehr als eine Sprache

Für den Erstspracherwerb haben sich die Fähigkeiten zur Mustererkennung und zur Intentionserkennung als zentrale Bausteine einer Spracherwerbstheorie herauskristallisiert. Damit verbunden ist das Vermögen, die Perspektive anderer einzunehmen, ein Vermögen, das sich zudem im Fortschreiten des Erstspracherwerbs weiter ausdifferenziert. Es liegt auf der Hand, dass der Erwerb einer zweiten oder gar mehrerer Sprachen hier weitere Bereicherungen verspricht. Spracherwerb ist immer auch der Erwerb einer kulturell geprägten Kognition, und jede Kultur hat ihre eigenen Verfahren entwickelt, Aufmerksamkeit durch Sprache zu lenken und dadurch wechselnde Perspektiven zu veranlassen.

Perspektivität

Köller (2004, 3) stellt fest, „dass alle Wahrnehmungsprozesse dadurch geprägt sind, dass konkrete Objekte für konkrete Subjekte immer nur in einem bestimmten Blickwinkel in Erscheinung treten“. Einzelsprachliche Muster bestehen aus historisch entwickelten und sozial stabilisierten Perspektivierungsmitteln und wirken insofern vorstrukturierend, als sie besondere Blickwinkel enthalten (vgl. Köller 2004, 7). Tritt eine neue Sprache hinzu, wird auch ein zusätzliches

Inventar an – teilweise völlig neuen – Perspektivierungsmitteln erworben. Dies findet sich wieder in der Tendenz von Einzelsprachen, bei mangelnder Differenzierung der Perspektiven im eigenen Bestand die Perspektivierungen anderer Sprachen z. B. in Form von Lehnwörtern aufzunehmen.

Die Beherrschung mehrerer einzelsprachlicher Systeme bezeichnet man als **Bilingualismus** oder **Mehrsprachigkeit**. Wir werden beide Ausdrücke synonym gebrauchen, da auch das besonders in der englischsprachigen Literatur genutzte *bilingual* explizit nicht den etymologisch implizierten Gebrauch zweier Sprachen, sondern Kompetenzen in mehr als einer Sprache meint.

Perspektivität in Einzelsprachen

Während die grundlegenden Fähigkeiten zur Kategorisierung und zur Perspektivenübernahme angeboren sind, wird die konkrete Ausprägung dieser Kategorien und Beziehungen erst durch den Bau der Einzelsprache strukturiert. Auf einer begrifflichen Ebene erlangen die Konstruktionen einer Sprache von der kleinsten bis zur größten Einheit ihre symbolischen Bedeutungen als kulturell geprägte Perspektiven. So sind z.B. die Bezeichnungen für Farbtöne und die Abstufung ihrer Nuancen abhängig von den konkreten Lebensbedingungen der Kultur, in der sie gebraucht werden und entwickeln sich mit dem Gebrauch weiter; mit einem differenzierten Farbbezeichnungssystem geht die Tendenz zu einer gleichfalls differenzierten Farbwahrnehmung einher (vgl. Haarmann 2006, 64ff).

In diesen Schematisierungen finden sich vorstrukturierte Möglichkeiten der Perspektivierung, die das Kind in seiner kognitiven Sozialisierung aufnimmt. So kann es beispielsweise in den 230 Spezialbegriffen, die das Somalische für die Kamelzucht bereithält, viel schneller auf exakt die Perspektive verweisen, auf die es die gemeinsame Aufmerksamkeit lenken will (z.B. *guubis* für „erstgeborenes männliches Kamel" oder *tulud* für „einziges Kamel, als Nutztier für den Kamelhalter", vgl. Haarmann 2006, 61), als es in einer Sprache wie dem Deutschen möglich wäre, in der sich eine solch differenzierte Terminologie nicht entwickelt hat, da hierfür allenfalls im Zoo Bedarf bestünde.

Eine weitere Einzelsprache bietet demnach auf lexikalischer Ebene nicht nur Übersetzungsäquivalente, sondern auch zusätzliche immanente Perspektivierungen. Das bedeutet, dass im Zweitspracherwerb auch neue konzeptuelle Gliederungen erlernt werden müssen, die neue Blickpunkte ermöglichen. „[...] the fully fluent use of an additional language requires the development of an additional set of conceptual representations that may co-exist, compete with, and at times even replace the ones already stored in an individual's memory" (Jarvis/Pawlenko 2008, 155). So unterscheiden sich z.B. die Konzepte *cups/chashki (Tassen)* und *glasses/stakany (Gläser)* insofern, als im Englischen das Material, im Russischen aber die Form entscheidend ist; im Spanischen hingegen gibt es mit *ser/estad* zwei unterschiedliche Konzepte des Verbs *sein* (vgl. Jarvis/Pawlenko 2008, 121).

Auch die grammatikalische Verschiedenheit wirkt sich deutlich auf die bevorzugte Perspektivierung aus. So unterscheiden Sprecher von Sprachen mit Aspektopposition im Verbalsystem prinzipiell, ob eine Handlung andauert oder abgeschlossen ist (z.B. poln. *piszę list* „ich bin gerade dabei, einen Brief zu schreiben, noch nicht fertig und weiß nicht, wie lange es noch dauert", aber poln. *napiszę list* „ich schreibe den Brief jetzt (noch) auf jeden Fall fertig"). Von Stutterheim und Nüse (2003) untersuchten diesen Effekt am Beispiel Englisch/Deutsch und wiesen nach, dass englische Muttersprachler für die Beschreibung einer Stummfilmsequenz Verben bevorzugen, die die Tätigkeit fokussieren und den Handlungsausgang offen lassen (häufig in der ‚ing'-Form; *he's falling*), während deutsche Muttersprachler zumeist die beschriebenen Handlungen mit einem Endpunkt versehen (*er fällt auf den Boden*). Damit einher geht eine unterschiedliche Strukturierung und Segmentierung der beschriebenen Szene. „So German and English children are confronted with an elementary difference in perspective taking [...], thus, they are ‚trained' to conceptualize events differently just by learning their language" (Stutterheim/Nüse 2003, 874). Die unterschiedliche Perspektivierung beginnt demnach schon beim Erwerb der jeweiligen Sprache mit den für sie typischen Konstruktionen.

Dies bedeutet nicht, dass die in einer Sprache akzentuierten Merkmale nicht auch in jeder beliebigen anderen Sprache – verbal und non-verbal – ausgedrückt werden könnten, doch sind diese Paraphrasen oft umständlich und weniger treffend. Sprachimmanente Konzepte lenken jedoch die Aufmerksamkeit auf bestimmte Merkmale und legen somit einen bestimmten Blickwinkel nahe, auch wenn sie diesen nicht determinieren (vgl. Jarvis/Pawlenko 2008, 149f). Die in einer Sprache kodierten Perspektiven werden demnach auch kognitiv bevorzugt.

Aber nicht nur die sprachimmanente Perspektivität, sondern auch das über Sprache transportierte (und in ihren Idiomen greifbare) kulturell perspektivierte Weltwissen wirkt strukturierend auf die Sichtweise des Kindes. Eine weitere Sprache zu erlernen bedeutet eben auch, sich mit einer neuen Kultur auseinanderzusetzen – Sprache und Lebensform sind untrennbar miteinander verwoben. Dazu gehören ebenfalls die Auseinandersetzung mit kollektiven Kategorien, Analogien und psychosozialen Erklärungen (vgl. Tomasello 2002, 212, 221) sowie die Konfrontation mit evtl. fremden Kommunikationsgepflogenheiten, in denen kommunikative Akte durch kulturell angemessenes Verhalten *(Behavioreme)* realisiert werden müssen (vgl. Oksaar 2003, 38f, 47f). Deutlich wird dies am Beispiel der Redekonventionen: Das adäquate Danken, Schweigen, Unterbrechen, Einladen sowie die Annahme oder Absage einer Einladung sind in vielen Kulturen unterschiedlich geregelt. Das Kompliment, das eine Amerikanerin zur Erhaltung des sozialen Kontakts äußert, erscheint einer Skandinavierin u. U. als übertrieben oder unaufrichtig.

Kommen westliche Geschäftleute bei ihren asiatischen Verhandlungspartnern gleich zu Beginn der Sitzung zum Geschäftlichen, empfinden diese das als unhöfliche Verhaltensweise.

Mehrsprachigkeit ist insgesamt eine besondere Chance, den eigenen Horizont zu erweitern und die bisherige sprachliche Prägung zu reflektieren. Sich eine weitere Sprache anzueignen ist mehr als nur das Erlernen fremder Lexeme, abweichender Semantik und ungewohnter Syntax. Es bedeutet auch, in der neuen Sprache zu denken und somit in ihr zu handeln. Neue Konstruktionen bieten mehr als die Möglichkeit einer Übersetzung, sie bieten neue Denkperspektiven. Das zweisprachige Aufwachsen ermöglicht es, in beide Welten hineinzugleiten, Perspektiven zu modifizieren und zu kombinieren. „While acknowledging that concepts that are not encoded in a particular language may nevertheless be imagined by its speakers, we contend that lexicalized and grammaticized concepts, as well as preferred frames, of the first language or languages sentizise speakers to specific distinctions and facilitate recall, categorization, and comprehension along the lines of habitual modes of thought. Consequently, learning a new language involves (ideally) learning to conceptualize the world in a different way, from new ways of categorizing objects, events, and phenomena [...] to making new attributions to familiar objekts and events [...]" (Jarvis/Pawlenko 2008, 149f).

9.2 Zwei Sprachen gleichzeitig

Grundlegend bedeutet Mehrsprachigkeit, dass sich ein Mensch neben seiner Erstsprache L1 mindestens eine weitere Sprache aneignet, ohne dabei die erstsprachlichen Kompetenzen zu verlieren. Während aber der Erstspracherwerb unter normalen Umständen bei allen Menschen ähnlich verläuft, ist der Erwerb jeder weiteren Sprache optional und abhängig von den Umständen, unter denen er stattfindet. Dabei beeinflussen die Hintergrundbedingungen maßgeblich das spätere Ergebnis sowie das Verhältnis zwischen den Sprachen.

Doppelter Erstspracherwerb

Als besonders erfolgversprechend gilt der gleichzeitige Erwerb zweier Sprachen von Geburt an. Bis Ende des dritten Lebensjahres werden beide Sprachen als Erstsprachen erworben und verarbeitet, daher spricht man in diesem Fall von *doppeltem Erstspracherwerb* oder auch von *simultanem Bilingualismus*. Nach dem dritten Lebensjahr gilt der Erstspracherwerb in seinen Grundzügen als abgeschlossen, was die Erwerbsbedingungen weiterer Sprachen beeinflusst. In der Literatur besteht ein gewisser Konsens darüber, dass der gleichzeitige Erwerb zweier Sprachen grundsätzlich wie der monolinguale Erwerb der jeweiligen Sprachen verläuft: „The simultaneous acquisition of two or more languages can be qualified as first language development in more than one language" (Meisel 2004, 100). Dahinter steht allerdings meist eine universalgrammatische Erwerbsauffassung. Doch auch im hier favorisierten gebrauchsbasierten, konstruktionsgrammatischen Ansatz folgt der Aufbau zweier Sprachen im bilingualen Erwerb denselben Mustern wie wir sie aus dem einfachen Erstspracherwerbs kennen.

Mechanismen

Bereits die Fähigkeit des Kindes, Lautmuster zu nutzen, um mithilfe statistischer Analysen Segmente zu identifizieren, hilft beim Erwerb zweier Sprachen. Nach der Phase des *universal phonetician* bleibt dann das Inventar beider einzelsprachlicher Lautsysteme bestehen (s. Kap. 7.1). Auf dieser Grundlage können anschließende Kategorisierungen und Generalisierungen erfolgen. Auch die nach der Neunmonatsrevolution auftretende Fähigkeit, in einer triadischen Situation geteilter Aufmerksamkeit die Perspektivierungsabsicht des Gegenübers nachzuvollziehen, zeigt ihren Nutzen im doppelten Erstspracherwerb. Tomasello (2002, 142ff) legt dar, dass gerade die Vorannahme, diese Perspektive sei intentional gewählt, den Spracherwerb unterstützt: Auf lexikalischer Ebene hilft den Kindern der Bedeutungskontrast, in dem die Perspektiven verschiedener sprachlicher Symbole stehen – warum wählt ein Erwachsener eben dieses Wort (z.B. *Kläffer* statt *Hund*) und welchen Teil trägt es zur Gesamtbedeutung der Äußerung bei? Im doppelten Erstspracherwerb wäre es wahrscheinlich zunächst die Differenz von z.B. tschech. *pes* und dt. *Hund* (bzw. tschech. *hafhaf* und dt. *wauwau*), die das Kind einordnet.

Perspektivierungen in größeren Konstruktionen werden erlernt, indem das Kind den Beitrag erkennt, den eine bestimmte Struktur zur kommunikativen Absicht leistet – warum *der Hund hat ihn abgeschleckt* und nicht *er wurde von dem Hund abgeschleckt* oder gar *er wurde abgeschleckt*? Tomasello nennt diesen Vorgang *funktionsbasierte Distributionsanalyse* (vgl. Tomasello 2002, 174); diese kann einsprachigen aber ebenso zweisprachigen Input strukturieren. Die Tatsache, dass die (gebrauchsbasierte) Konstruktionsgrammatik zu Beginn des Erwerbs von holistischen Einheiten ausgeht, die für weitere Schematisierung und Abstraktionsprozesse hin zu abstrakteren, produktiven Schemata zur Verfügung stehen, lassen auch das Problem der Sprachentrennung als lösbar erscheinen.

Wird ein Kind in seinen ersten Lebensjahren mehr als einer Sprache ausgesetzt, geschieht also zunächst nichts anderes, als wenn es nur eine Sprache zu hören bekäme: In Szenen gemeinsamer Aufmerksamkeit (*common grounds*) beginnt es, Sprache so einzusetzen, wie sie ihm gegenüber eingesetzt wird – dass diese ersten Konstruktionen linguistisch betrachtet aus mehreren Einzelsprachen stammen, ist für das Kind irrelevant. Entscheidend ist die soziale Funktion der Sprache: die Möglichkeit, in wiederkehrenden Situationen die Absicht anderer zu verstehen und ihre Aufmerksamkeit zu lenken, um so letztlich Teil eines sozialen Netzes zu werden. Genau wie im monolingualen Erstspracherwerb erwerben die Kinder mit der Zeit die mit den Konstruktionen verbundenen Konzepte ebenso wie die Konventionen, denen die Kommunikation unterliegt.

Obwohl die grundlegenden Mechanismen also die gleichen bleiben, wird der Input komplexer: Die Szenen gemeinsamer Aufmerksamkeit teilen sich in zwei Sphären, in denen zwei unterschiedliche Sprachsysteme mit ihren z.T. unterschiedlichen Konzepten und Redekonventionen gelten. Um kommunikativ zu agieren, muss ein mehrsprachiges Kind stärker als ein monolinguales darauf achten, den passenden Code gegenüber dem jeweiligen Erwachsenen zu gebrauchen – eben so zu agieren, wie ihm gegenüber agiert wird. Dabei wachsen die Kinder ganz natürlich in die begrifflichen Konzepte ihrer Sprachen (Jarvis/Pawlenko 2008) und die kulturellen Behavioreme ihrer Sprachgemeinschaften (Oksaar 2003) hinein. Als effektiv gilt bereits seit den Studien von Ronjat (1913) und Leopold (1939) die Methode *One person – one language* (vgl. Romaine 1989, 177f). Durch die Zuordnung der Sprachen zu jeweils einem Elternteil werden zwei klar definierte *common grounds* geschaffen, in denen die Konstruktionen und Behavioreme leichter abzuleiten sind, als dies in gemischten, doppelt strukturierten Szenen gemeinsamer Aufmerksamkeit möglich ist.

Verlauf

Das kindliche Gehirn ist grundsätzlich in der Lage, die Aufgabe des doppelten Erstspracherwerbs problemlos zu bewältigen. Trotzdem bleiben die kindlichen Ressourcen letztlich begrenzt: Die natürliche Speicherkapazität und Verarbeitungsgeschwindigkeit des Gehirns stehen einem variantenreicheren Input gegenüber, da in derselben Zeit Konstruktionen aus zwei Sprachen angeboten werden. Es ist daher kaum verwunderlich, dass der Erstspracherwerb zweisprachig aufwachsender Kinder i.d.R. etwas langsamer verläuft, wobei sich diese Verzögerung im Rahmen der auch bei monolingualen Kindern üblichen individuellen Schwankungen von bis zu neun Monaten bewegt (vgl. Meisel 2004, 95f). Entgegen den medizinischen Befürchtungen vor allem Anfang und Mitte des 19. Jahrhunderts kann das mehrsprachige Aufwachsen an sich keine Sprachstörung hervorrufen. Sind aber bei einem Kind bereits belastende Bedingungen vorhanden, kann eine Störung durch die zusätzliche Belastung eher auftreten und intensivere Symptome zeigen als bei monolingualen Kindern (vgl. Triarchi-Herrmann 2006, 71ff).

Dominanz

Die beiden Sprachen des Kindes entwickeln sich in der Regel nicht parallel. Bereits im frühen Spracherwerb entsteht eine erste *Dominanz*, wobei die starke Sprache zunächst die Sprache des Elternteils ist, zu dem das Kind eine stärkere Bindung hat und in der es den meisten Input bekommt. Einfluss hat neben den Sprachkompetenzen der Eltern (ein- oder mehrsprachig) auch die weitere Lernumgebung, wie z.B. das Verhältnis der mit dem Kind gesprochene(n) Sprache(n) zu der Sprache von Verwandten, Freunden und der Gemeinschaft (vgl. Baker 2003, 87ff). Dominanz ist nicht statisch. Sie kann schon in Kindertagen schnell wechseln, wenn z.B. ein Urlaub im Land der

Herkunftssprache verbracht wird – ist also in der Biographie Bilingualer stets abhängig von Zeit, Ort und Kommunikationsbedürfnissen (vgl. Romaine 1989, 173, 179; Meisel 2004, 94). Müller et al. (2006, 87) kritisieren mit Recht, dass ein vorbelasteter, suggestiver und zugleich schwer definierbarer Begriff wie Dominanz nicht unbedingt herangezogen werden muss, um die natürlichen Unterschiede in der Entwicklung zweier Sprachen bei bilingualen Kindern zu benennen.

Erwerbsreihenfolge

Unabhängig von der Dominanz verhält sich die Erwerbsreihenfolge in beiden Sprachen prinzipiell autonom. Eine linguistische Markierung, die in einer Sprache früher erworben wird, wird in der anderen nicht automatisch mitgelernt, sondern hält dort ihren Platz in der zeitlichen Abfolge ein. So erwerben ungarisch-serbokroatisch aufwachsende Kinder den Lokativ im Serbokroatischen später als im Ungarischen – entsprechend den Erwerbsreihenfolgen im jeweiligen monolingualen Erstspracherwerb (vgl. Romaine 1989, 190). Anscheinend ist neben anderen Faktoren wie kognitiver Entwicklung, Konsistenz und Frequenz des Inputs, Kommunikationsbedürfnis und Sprachdominanz hier vor allem die einzelsprachspezifische Komplexität der zu erlernenden Strukturen ausschlaggebend (Romaine 1989, 190ff). Z.B. kann eine Konstruktion in der L1 im Sinne von O'Grady (s. Kap. 3) geringe Anforderungen an das Arbeitsgedächtnis stellen, während im Linearisierungsprozess die vergleichbare Struktur in der L2 mit höheren Belastungen einhergeht, sie also später erworben wird.

Trennung der Sprachen

Um Hypothesen über die Sprachkenntnisse des Gegenübers und die richtige Sprachwahl anzustellen, ist für Bilinguale eine grundlegende Einsicht in die eigene Mehrsprachigkeit und eine Trennung der erlernten Konstruktionen nach zugrunde liegenden linguistischen Systemen notwendig. In der Literatur ist umstritten, ab wann mehrsprachige Kinder ihre Sprachen zu jeweils eigenständigen, getrennten Sprachsystemen ausbauen. Verschiedene Modelle entstanden aufgrund der Beobachtung, dass Kinder in ihren frühen Äußerungen sowohl Sprachmischungen (z.B. *tita daki* aus dem italienischen *matita* „Stift" und dem deutschen *danke*) als auch gemischte Komposita (z.B. *Löchermaker* aus deutsch *Löcher* und englisch *maker* für „Locher") und Kontaminationen (z.B. *shot* als Verschmelzung von französisch *chaud* und englisch *hot* für „heiß") aufweisen (vgl. Triarchi-Herrmann 2006, 64; Romaine 1999, 258).

So ging man, aufbauend auf dem Drei-Stufen-Modell von Volterra und Taeschner (1978), lange davon aus, dass bis zum *Vokabelspurt* (s. Kap. 8.1) nur ein sprachliches System auf lexikalischer und syntaktischer Ebene bestünde. Erst nach diesem Alter begännen Kinder, mit zwei lexikalischen Systemen, aber zunächst nur einer Grammatik zu hantieren, um schließlich ab dem Alter von etwa drei Jahren über beide lexikalische Systeme und Grammatiken ihrer Zielsprachen zu verfügen. Bis heute gibt es allerdings keine gesicherten Ergebnisse zu dieser viel diskutierten Fragestellung (vgl. Genesee 2000, 340), obwohl die Modelle kontinuierlich weiterentwickelt wurden (ein neuerer Ansatz z.B. bei Meisel 2004).

Alle bisherigen Theorien gehen grundlegend davon aus, dass sich die beiden Sprachen eines mehrsprachigen Kindes irgendwann in zwei separate grammatische und semantische Systeme unterteilen. Dies entspricht zum einen nicht den neurophysiologischen Erkenntnissen, nach denen Sprache(n) im Gehirn nicht modular angelegt sind, sondern konnektionistisch verarbeitet werden. Zum anderen kommt der von uns vertretene gebrauchsbasierte Erwerbsansatz ohne eine solche Trennung aus. Wir denken daher, dass die Frage, mit wie vielen Systemen ein Kind zu welchem Entwicklungszeitpunkt operiert, grundlegend falsch gestellt ist.

Während Kinder ihre Konstruktionen mit der Zeit immer genauer eingrenzen und Regelmäßigkeiten generalisieren, erwerben sie auch ein übergeordnetes Konzept der Einzelsprachen mit ihren linguistischen und kulturellen Besonderheiten. Die Gebrauchsbedingungen einer bestimmten Konstruktion implizieren letztlich auch die Einzelsprache, in der diese verwendet wird, und können daher ebenso erworben werden wie andere Schematisierungen. Auch diese Erwerbsleistung hat ihre Grundlage im *common ground*; in Szenen gemeinsamer Aufmerksamkeit entscheidet sich, welche Mittel das Kind für eine gelungene Kommunikation für angemessen hält. Auch die zu beobachtenden Mischungen vor dem Vokabelspurt leuchten konstruktionsgrammatisch besehen durchaus ein, da bis zum Vokabelspurt vor allem holistische Einheiten (Holophrasen) gespeichert werden, die erst jetzt einer Reanalyse unterzogen werden.

Unter **Code-Switching** (auch: *Kodeumschaltung, Sprachwechsel*) wird der wechselnde Gebrauch zweier Sprachen durch einen Sprecher im Verlauf eines Diskurses verstanden (vgl. Oksaar 2003, 139ff; Baker 2003, 100ff). Die jeweils andere Sprache wird gewählt, um einen pragmatischen Kontrast zu bewirken, z.B. entsprechend bestimmter Ansichten, Themen oder Teilnehmerkonstellationen. *Code-Switching* geschieht nicht aus Verlegenheit oder Unkenntnis, sondern folgt einem komplexen System soziolinguistischer Faktoren sowie pragmatischer und grammatischer Regeln beider Sprachen. Daher tritt es gerade bei steigenden bilingualen Kompetenzen vermehrt auf. Der Begriff ist abzugrenzen von **Code-Mixing** (auch: *Sprachmischung*), bei dem dieser Wechsel keine soziokommunikative Bedeutung trägt: „*Mixing* ist ‚bedeutsam' nicht in jedem einzelnen Vorkommen, sondern als Ganzes – als ein Sprechstil [...]" (Androutsopoulos 2006, 176f). Eine andere Verwendung dieser Termini bezieht sich auf die syntaktische Ebene, auf der der Wechsel erfolgt: ein *inter-sential Code-Switching*, das an der Satzgrenze stattfindet, wird dann als *Switching*, ein *intra-sential Code-Switching* innerhalb eines Satzes als *Mixing* bezeichnet (vgl. ebd.; Baker 2003, 101).
Des Weiteren lässt sich Code-Switching danach unterscheiden, ob der Wechsel einer Änderung in der Kommunikationssituation folgt bzw. diese markiert oder aber im Sprecher selbst liegt, der für eine Äußerung eine bestimmte Sprache präferiert (z.B. aufgrund der höheren kommunikativen Exaktheit, der damit verbundenen Emotionalität oder schlicht aus Wortnot oder Sprachökonomie; vgl. Oksaar 2003, 140f). Hier wird deutlich, dass es einen Grenzbereich gibt, indem die Unterscheidung zu *Transfer*phänomenen (s. Kap. 10.2) schwierig wird (vgl. ebd.). Ebenso unscharf ist der Übergang zu *Lehnwörtern* (*Language Borrowing*), die ihren Weg in das feste Repertoire einer Ein-

zelsprache gefunden haben (z.B. *Computer, Garage, Alkohol*). Zu guter Letzt ist auch ein Wechsel auf Ebene der nonverbalen Behavioreme (*Behavioremumschaltung*) möglich, der nicht zwingend mit dem Wechsel in die zugehörige Sprache verbunden sein muss (z.B. Begrüßungsrituale; vgl. Oksaar 2003, 147).

Code-Switching

Es ist umstritten, ab wann Kinder in der Lage sind, ihre Sprachen nach funktionalen Gesichtspunkten einzusetzen. Neben der Beherrschung grundlegender pragmatischer und soziolinguistischer Regeln braucht es einen gewissen sprachlichen Grundschatz, um prinzipiell sinnvoll wechseln zu können. Meisel (2004, 97f) stellt dazu fest, dass Kinder bereits im Alter von 19 bis 24 Monaten ein Bewusstsein von ihrer Zweisprachigkeit entwickeln und ihre Sprache je nach Adressat wählen. Ab dem dritten Lebensjahr entwickelt sich dann der Code-Switching-Gebrauch wie bei Erwachsenen; später kann sich das Code-Switching auch auf die schriftliche Kommunikation erstrecken (*Written Code-Switching*; vgl. Onysko 2006).

Kinder nutzen diese Fähigkeit zunächst auf Satzebene und im Rahmen ihrer Bedürfnisse: etwa um im Spiel einen Rollenwechsel zu markieren, etwas besonders Beeindruckendes hervorzuheben, wörtliche Rede oder Zitate zu kennzeichnen (vgl. Romaine 1989, 205ff). Damit erfahren sie früh die Möglichkeit, mithilfe ihrer beiden Sprachen nicht nur den Gesprächsgegenstand, sondern auch soziale Beziehungen innerhalb einer Konversation zu verdeutlichen. „By choosing between their languages and by switching between them, bilinguals have available additional communicative means which monolingual speakers lack“ (Meisel 2004, 93).

Auch diese Entwicklung im bilingualen Spracherwerb lässt sich mit Mechanismen erklären, die ebenso im monolingualen Spracherwerb wirksam sind. Die Kinder versuchen den Sprachgebrauch des jeweiligen Gegenübers zu imitieren. Dabei passen sie ihre Sprache der des Gesprächspartners an, um eine gemeinsame soziale und emotionale Ebene zu schaffen. Der Wunsch zu gefallen, zeigt sich in steigender Similarität (andersherum wird eine fremde Sprache gewählt, um den Hörer auszuschließen oder zu ärgern). Diese sozialpsychologische Taktik der Sprachangleichung (*speech accommodation*) ist auch bei erwachsenen, monolingualen Sprechern zu beobachten, die bei Sympathie nicht nur Sprache, sondern auch Gestik des Gegenübers übernehmen (vgl. Locke 1996, 262). Code-Switching entwickelt sich daher automatisch, sobald die sprachlichen Möglichkeiten vorhanden sind und ist nicht als zusätzliche Spracherwerbsleistung zu verstehen.

9.3 Nachteil oder Vorteil?

Beginn der Forschung

Nicht zufällig begann die aktuelle Forschung auf dem Gebiet der Mehrsprachigkeit Anfang des 20. Jahrhunderts, als erstmals große

Einwanderungswellen die reichen Industrieländer (insbesondere die USA) erreichten. Die unerwartet auftretenden (und nicht nur sprachlichen) Schulprobleme der mit ihren Eltern immigrierten Kinder waren es, die erstmals eine systematische Forschung auf dem Gebiet der Mehrsprachigkeit auslösten. Insbesondere die Untersuchung eines möglichen Einflusses des zusätzlichen Spracherwerbs auf die kindliche Kognition – die uralte Frage nach dem Zusammenhang von Sprache und Denken – wurde somit zu einem der ersten und bis heute stark diskutierten Themen der Mehrsprachigkeitsforschung.

Die ersten systematischen Untersuchungen nahmen eben jene mehrsprachig aufwachsenden Migrantenkinder in den Blick, die im schulischen Bereich so merkwürdig versagten und für deren Probleme schnell ein Name gefunden wurde: Bilingualismus (vgl. Bialystok 1991, 4). Intelligenztests, die einsprachig in der Sprache des Aufnahmelandes durchgeführt, bei denen keine Hintergrundvariablen überprüft, innerhalb derer die sprachlichen Kompetenzen nicht weiter eingeordnet und die nicht statistisch ausgewertet wurden (vgl. Baker 2003, 9, 138f), zeigten ein eindeutiges Bild: Die bilingualen Kinder schnitten signifikant schlechter ab, als ihre monolinguale Vergleichsgruppe – Kinder der Aufnahmegesellschaft, die nicht immigriert waren.

Idealisierung der Einsprachigkeit

Vor diesem Hintergrund entstanden die ersten wissenschaftlichen Theorien über Mehrsprachigkeit. Man ging davon aus, dass im Gehirn nur ein begrenzter Platz für Sprache vorhanden sei, der im Idealfall von einer kompletten Sprache besetzt würde. Jeder Zuwachs an Kenntnissen in einer weiteren Sprache müsse nun also zu einer Abnahme der bisherigen Kenntnisse in der L1 führen, so dass zwei oder mehr Sprachen nur in restringierter Form im Gehirn ihren Platz fänden. Graphisch wurden diese Annahmen dargestellt als zwei Container oder Luftballons im Kopf, bei denen der eine schrumpft, wenn der andere ausgedehnt wird, oder auch durch das Bild einer Waage im Kopf (vgl. Baker 2003, 163f).

Monolingualität wurde nunmehr nicht nur als der Normalfall angesehen, sondern auch als der optimale Fall. Dem Gehirn wurde nicht nur die Kapazität abgesprochen, mehr als eine Sprache vollständig aufzunehmen, es wurde zudem angenommen, dass durch jede zusätzliche Sprache auch der Raum für weitere kognitive Prozesse eingeschränkt werde. Insbesondere Kinder würden durch das zweisprachige Aufwachsen intellektuell und psychisch verwirrt.

Semilingualismus

Einen Höhepunkt erreichte diese Theorie in den 1960er Jahren, als der Schwede Hansegård den Begriff *Semilingualismus* aufbrachte (vgl. Romaine 1989, 233). Als „doppelt halbsprachig" wurden von nun an jene bilingualen Migrantenkinder bezeichnet, die in jeweils monolingualen Sprachtests in beiden Sprachen schlechter abschnitten als ihre monolingualen Altersgenossen, also keine doppelte monolinguale Sprachbeherrschung aufwiesen. Ihnen wurde unterstellt, keine ihrer beiden Sprachen wirklich zu beherrschen. Politisch wurde der

Begriff nachfolgend als Schlagwort gebraucht, um die Schwierigkeiten von Migranten und das häufige Versagen ihrer Kinder im monolingualen Schulsystem der Aufnahmeländer allein auf deren Mehrsprachigkeit zurückzuführen.

Idealisierung der Zweisprachigkeit

Nach einer Zwischenphase, in der überhaupt keine Effekte festgestellt wurden, begann um die 1970er Jahre eine Zeit, in der nur mehr positive Auswirkungen auf die kognitive Entwicklung postuliert wurden. Grundlage waren nicht nur neuere Untersuchungen, sondern ebenso erneute Interpretationen der alten Daten. Einen entscheidenden Wendepunkt markierte insbesondere die Längsschnittstudie von Pearl und Lambert aus dem Jahr 1983, in der erstmals bei bilingualen Kindern signifikant bessere Werte in Intelligenz- und Sprachtests gemessen wurden. Der enthusiastische Optimismus, mit dem in dieser Zeit durchaus über unpassende Ergebnisse hinweggegangen wurde, war nötig, um (politische) Vorurteile zu entkräften, die sich über ein halbes Jahrhundert manifestieren konnten. Es folgte eine Zeit der Idealisierung von Zweisprachigkeit (vgl. Belliveau 2002, 68ff).

Aktuelle Ergebnisse

Obwohl aus gegenwärtiger Sicht erstmals methodisch sauber vorgegangen wurde, haben sich viele Ergebnisse dieser optimistischen Periode mit der Zeit relativiert. Mit zunehmendem Wissen über das Phänomen Bilingualismus trat vor allem dessen Vielschichtigkeit zutage und verbot grobe Verallgemeinerungen sowie einfache Schlüsse auf ebenso komplexe Konstrukte wie das der Intelligenz. Die Untersuchungen veränderten sich dementsprechend, indem zum einen als abhängige Variable nicht mehr Intelligenz, sondern diffiziler eingegrenzte Fähigkeiten der Kinder eingesetzt wurden, zum anderen die untersuchten Gruppen immer genauer beschrieben und ausgewählt wurden. Insbesondere Studien mit kompetent bilingualen Kindern zeigten nun kognitive Vorteile in den Bereichen des divergenten und kreativen Denkens, der Bewertung widersprüchlicher Aussagen und der Begriffsbildung. Zudem entwickeln bilinguale Kinder früher ein metalinguistisches Bewusstsein und erkennen die Arbitrarität von Sprache (vgl. Belliveau 2002, 72ff; Baker 2003, 144ff; Romaine 1989, 104). Die Kritik der möglichen Verfälschung durch unberücksichtigte Variablen oder der nicht repräsentativen Selektion blieb allerdings bestehen.

Bialystok führt die bisherigen Ergebnisse zu den kognitiven Vorteilen bilingualer Kinder zurück auf ein *hohes Maß an selektiver Aufmerksamkeit* (vgl. Bialystok 2004, 597). In ihren Untersuchungen konnte Bialystok diese besonders hohe Kompetenz der selektiven Aufmerksamkeit bei Bilingualen sowohl auf der metalinguistischen als auch auf der non-verbalen Ebene nachweisen. Ihre Vergleichsgruppen waren dabei in Intelligenz und Gesellschaftsschicht vergleichbar. Die bilingualen Kinder schnitten bei den Aufgaben deutlich besser ab, die eine besondere Kontrolle der Aufmerksamkeitsausrichtung durch mehrere in Konflikt stehende Ebenen verlangten.

Hierzu nutzte Bialystok die Aufgabenstellung des *Dimensional Change Card Sort Task*, in dem den Kindern Bildkarten gezeigt werden, die sich jeweils in Farbe (rot und blau) oder abgebildetem Objekt (den geometrischen Figuren Kreis und Viereck) gleichen. Jeweils vier Karten mit den Abbildungen eines Kreises in rot und blau und eines Vierecks ebenfalls in roter und blauer Variante müssen nun je nach Anleitung des Versuchsleiters erst nach dem einen, dann nach dem anderen der beiden Kriterien ‚Farbe' und ‚Figur' sortiert werden. Die zunächst angewandte Zuordnungsregel muss also im zweiten Durchgang unterdrückt werden.
Die metalinguistischen Fähigkeiten überprüfte Bialystok mit dem *Moving Word Task*, in dem Bildern zunächst eine Wortkarte mit der Benennung des abgebildeten Objekts (z.B. *Baum*) zugeordnet, dann aber durcheinander gebracht und schließlich wieder einander zugeordnet werden. In jedem der Abschnitte wird das Kind nach der Aufschrift der Wortkarte gefragt, was eine selektive Aufmerksamkeit auf diese relevante Information unabhängig von der irrelevanten Information der Bildkarte (die mal und mal nicht mit der Wortkarte übereinstimmt) erfordert. Auch hier erzielten mehrsprachige Kinder signifikant bessere Ergebnisse (vgl. Belliveau 2002, 86ff).
Versuche, diese Resultate zu erklären, beziehen sich auf die speziellen Anforderungen und Erfahrungen im täglichen Umgang mit zwei Sprachen. Bilinguale besitzen (mindestens) zwei Wörter für denselben Begriff, was schon früh die Gleichsetzung beider in Frage stellt. Dies verweist auf den arbiträren Charakter von Sprache und unterstützt damit die Ausbildung eines metalinguistischen Bewusstseins – eine gute Voraussetzung für den späteren Schriftspracherwerb. Darüber hinaus sind der semantische Umfang der Begriffe und die zugrunde liegenden Konzepte in verschiedenen Sprachen teilweise unterschiedlich. Diese Vielzahl an Assoziationen fördert das kreative und divergente Denken, wodurch wiederum die Fähigkeit, Probleme zu lösen, verbessert wird. Bereits im Lernprozess müssen zwei u.U. sehr unterschiedliche Systeme organisiert und entsprechend mehr Verbindungen im Gehirn angelegt werden. Um beide Sprachen gezielt einsetzen und trennen zu können, müssen Bilinguale ein hohes Maß an analytischer Kontrolle aufbringen und zudem in der Lage sein, die momentan nicht gewünschte Sprache und ihre Regeln auszublenden. Hinzu kommt die Kontrolle über den flexiblen und doch nicht willkürlichen Wechsel der Sprachen; so geht vermehrtes *Code-Switching* mit höheren bilingualen Kompetenzen einher.

Sprachwahl

Auch auf sozialer Ebene entwickeln bilinguale Kinder schon früh eine hohe Feinfühligkeit – schließlich gilt es, je nach Adressat und pragmatischem Ziel die ‚richtige' Sprache für die kommunikative Situation zu wählen. Gerade weniger eindeutige Konstellationen, wie z.B. die Sprachwahl bei monolingualem Besuch in Gegenwart des anderssprachigen Elternteils, stellen eine Herausforderung an Einfühlungsvermögen und Taktgefühl dar.

Mit zunehmenden Ausdrucksmöglichkeiten verfeinert sich bei allen Kindern die Fähigkeit, sich auf das Kommunikationsbedürfnis des Gegenübers einzustellen und die eigenen Kommunikationsmittel zunehmend gezielt einzusetzen. So entwickeln monolinguale und bilinguale Kinder z.B. unterschiedliche Strategien, auf ein Nichtverstehen seitens eines Erwachsenen zu reagieren: Während bilinguale Kinder von Erwachsenen nicht auf Anhieb verstandene Äußerungen in der anderen Sprache wiederholen (vgl. Romaine 1989, 180), paraphrasieren monolinguale Kinder in der L1 (vgl. Butzkamm 1999, 92). Interessanterweise unterscheiden aber auch monolinguale Kinder hier bereits zwischen fremden Personen, denen sie eine Umformung des Gesagten bieten, und vertrauten Personen, denen gegenüber sie das Gesagte zunächst wortwörtlich wiederholen, da sie diese als mit ihrer Sprache vertraut ansehen und das Missverständnis daher erst einmal akustisch werten (vgl. Tomasello 2002, 200).

Weitere Aspekte

Unsicher bleibt, ob die Vorteile der zweisprachigen Kinder von Dauer sind oder ob ihre monolingualen Altersgenossen nach einigen Jahren aufholen. Hier fehlen entsprechende Längsschnittstudien. Des Weiteren wird diskutiert, inwieweit die linguistische Differenz zwischen den beiden Sprachen eines Kindes Einfluss auf kognitive Effekte hat, denn „eben diese Differenziertheit wird als Ursache der größeren mentalen Flexibilität Zweisprachiger betrachtet, da zwischen zwei Sprachsystemen hin- und hergeschaltet werden muss" (Belliveau 2002, 174). Die Annahme steigender kognitiver Vorteile bei stärkerer Differenziertheit der Sprachen entkräftete zudem den Einwand Neufelds, auch Monolinguale hantierten schließlich mit verschiedenen Sprachregistern und müssten daher dieselben Effekte aufweisen (vgl. Baker 2003, 156).

Schließlich darf bei alledem nicht vergessen werden, dass die gesamte kognitive und somit auch sprachliche Entwicklung bei bilingualen ebenso wie bei monolingualen Kindern stark von der Förderung und Unterstützung der Bezugspersonen abhängen: Miteinander sprechen bedeutet Zuwendung, Aufmerksamkeit und Geborgenheit und ist – nicht zu vergessen – die Voraussetzung, um auf sprachlicher Basis vermittelte Informationen aufzunehmen und zu lernen. Die äußeren Bedingungen, unter denen sich die Sprachkompetenz des Kindes entwickelt, haben somit ebenso wie die psychosozialen Bedingungen einen unbestreitbaren Einfluss auf die kognitiven Fähigkeiten, der schwerlich scharf von den Effekten der Zweisprachigkeit getrennt werden kann.

So werden z.B. bis heute positive Ergebnisse vor allem mit Versuchsgruppen kompetent zweisprachiger Kinder der Mittelschicht erreicht, die aber nicht unbedingt Schlüsse auf Bilingualismus im Allgemeinen zulassen. Hier kann schon die elterliche Entscheidung zur bilingualen Erziehung das kulturelle und intellektuelle Umfeld des Kindes prägen; auch der wissenschaftliche Ansatz und die Probandenauswahl können Einfluss haben. Dies weist auf eine grundsätzliche Schwierigkeit der Mehrsprachigkeitsforschung: Die Sprachentwicklung als soziales Phänomen kann kaum erfasst werden, wenn man die Kompetenzen eines Sprechers isoliert betrachtet.

Ein weiteres Grundproblem ist die Frage nach dem Verhältnis von Sprache und Denken. Noch immer ist es nicht möglich, Intelligenz und Bilingualismus in ein plausibles kausales Verhältnis zu bringen und somit sicher zu sagen, dass kompetente Bilingualität die Intelligenz fördere und nicht etwa umgekehrt hohe Intelligenz die bilingualen Kompetenzen. Träfe Letzteres zu, wären bei den Untersuchungen mit kompetent bilingualen Kindern weniger intelligente bereits von vornherein ausgeschlossen gewesen und die gefundenen kognitiven Vorteile beruhten demnach auf einem Zirkelschluss. Ebenso möglich ist eine simultane, sich gegenseitig stimulierende Entwicklung von Kognition und Sprache ohne Kausalitätsverhältnis.

Die heutige Forschung bemüht sich, alle Kritikpunkte und Hintergrundvariablen ohne Rücksicht auf mögliche politische Auswirkungen mit einzubeziehen, auch wenn diese oft nicht ausbleiben. Im Kontext von Migration und Globalisierung ist das Thema Mehrsprachigkeit aktueller denn je und jedes Forschungsergebnis kann sich auf die öffentliche Diskussion über den Umgang mit sprachlicher und kultureller Vielfalt auswirken. An neuere Untersuchungen wird daher ein hoher wissenschaftlicher Anspruch gestellt: Sowohl die konstanten wie auch die variablen Faktoren müssen umfassend dargestellt und exakt eingegrenzt werden. Insbesondere hinsichtlich des sozioökonomischen Hintergrunds wird eine größtmögliche Homogenität innerhalb der Gruppe und zu einer Vergleichsgruppe gefordert.

Problembewusstsein

Die intensive Forschung auf diesem Gebiet hat vor allem zu einem Problembewusstsein geführt: Bilingualismus und Kognition sind vielschichtige theoretische Konstrukte, die eine Vielzahl von Variablen umfassen, welche sowohl untereinander als auch zu außerhalb liegenden Faktoren Abhängigkeiten aufzeigen. Daher darf „Zweisprachigkeit [...] nicht als ein allein ausschlaggebender Faktor gesehen werden, der festgelegte ‚Nebenwirkungen' mit sich bringt" (Belliveau 2002, 179). Tatsächlich bleibt die einzig sichere, einhellig verkündete Aussage die, dass Bilingualismus nicht mit kognitiven Nachteilen verbunden ist (vgl. z.B. Edwards 2004, 17; Bialystok 2004, 598; Belliveau 2002, 179).

Aufgaben und Literaturvertiefung zu diesem Kapitel finden Sie unter http://www.daf-daz.uni-hannover.de/libac.html

10. Zweitspracherwerb

Ziele des Kapitels

Auch nach Abschluss des Erstspracherwerbs ist es möglich, weitere Sprachen vollständig zu erlernen. In diesem Kapitel untersuchen wir, in wieweit sich dabei die Erwerbsbedingungen und -mechanismen von denen des (doppelten) Erstspracherwerbs unterscheiden und ab wann man überhaupt von einer Mehrsprachigkeit sprechen kann.

Warm-Up

„Durch denselben Act, vermöge welches der Mensch die Sprache aus sich heraus spinnt, spinnt er sich in dieselbe ein, und jede Sprache zieht um die Nation, welcher sie angehört, einen Kreis, aus dem es nur insofern hinauszugehen möglich ist, als man zugleich in den Kreis einer anderen Sprache hinübertritt. Die Erlernung einer fremden Sprache sollte daher die Gewinnung eines neuen Standpunkts in der bisherigen Weltsicht seyn, da jede das ganze Gewebe der Begriffe und der Vorstellungswelt eines Theils der Menschheit enthält. Da man aber in eine fremde Sprache immer mehr oder weniger seine eigne Welt – ja seine eigene Sprachansicht hinüberträgt, so wird dieser Erfolg nie rein und vollständig empfunden“ (Humboldt, Werke Bd. 3, 1963, 224f).

10.1 Bis wann gilt der Erwerb als gleichzeitig?

Zweitsprache und Fremdsprache

Nur wenn zwei oder mehr Sprachen innerhalb der ersten Jahre erworben werden, spricht man von doppeltem Erstspracherwerb; weitere Sprachen, die ab dem vierten Lebensjahr hinzukommen, bezeichnet man je nach Art des Erwerbs als Zweitsprache oder Fremdsprache. Während die *Zweitsprache* prototypisch ungesteuert, also ohne formalen Unterricht in der entsprechenden sprachlichen Umgebung erworben wird, wird die *Fremdsprache* durch gesteuerten Unterricht in der erstsprachlichen Umgebung erlernt. Dem entspricht ungefähr Krashens Unterscheidung in *Lernen* (*learning*) als bewusstes Erlernen einer Sprache über Unterricht und *Erwerb* (*acquisition*) als unbewusster, ungesteuerter Spracherwerb (vgl. Klein 1992, 31f).

Die Unterscheidung ist aus zwei Gründen schwierig: So ist anzuzweifeln, dass es einen völlig ungesteuerten Spracherwerb tatsächlich gibt – denn auch der Erstspracherwerb ist, wie unsere Ausführungen zur Kindgerichteten Sprache zeigen, keineswegs vollkommen steuerungsfrei. Umgekehrt ist die Vorstellung wenig plausibel, dass sich Fremdsprachenlernen wirklich steuern ließe. Dies haben Untersuchungen zu konstruktiven Aktivitäten beim Sprachenlernen und zum autonomen Lerner hinreichend gezeigt. Zudem kann ein Lerner jederzeit zwischen den beiden Erwerbsarten wechseln, indem er sich z.B. als Zweitsprachenlerner etwas metasprachlich erklären lässt oder als Fremdsprachenlerner in einer geselligen Runde seine Kenntnisse im Gespräch erweitert. Die Unterscheidung in Fremd- und Zweitsprache bleibt damit nur dort sinnvoll, wo sie den vorherrschenden Kontext des Lernens meint – überwiegend innerhalb eines strukturierten Unterrichts in erstsprachlicher Umgebung oder innerhalb der zweitsprachlichen Umgebung mit vielfältigen Möglichkeiten zur ungesteuerten Kommunikation. Im Folgenden wird daher durchgehend der Terminus *Zweitsprache* L2 genutzt, wenn es nicht explizit um fremdsprachlichen Unterricht gehen soll.

Zweitspracherwerb

Hinter der Unterscheidung zwischen Erst- und Zweitspracherwerb steht die Vorstellung, dass sich der Spracherwerb durch den Einsatz bewusster Lernstrategien auf metasprachlicher Ebene verändern lässt. Die Annahme zweier verschiedener Arten des Spracherwerbs stützt sich dabei vor allem auf die oberflächliche Korrelation von biologischem Alter und Erfolg im Spracherwerb: Mit zunehmendem Alter wird es offensichtlich schwieriger, eine L2 schnell und vollständig – wie im Erstspracherwerb – zu erlernen.

Seit jeher gibt es Versuche, einschneidende Veränderungen in der Erwerbsfähigkeit durch feste Altersgrenzen zu markieren. Für den Erstspracherwerb postulierte insbesondere Lenneberg (1967) eine **kritische Periode**, außerhalb derer kein Erstspracherwerb möglich sei. Als Beginn markierte er das erstmalige Auftreten von Mehrwortäußerungen, den Endpunkt setzte er an den Anfang der Pubertät, da zu diesem Zeitpunkt die Lateralisierung des Gehirns abgeschlossen sei. Mit vollständiger Lateralisierung, also Verseitigung des Sprachzentrums im Cortex der linken Großhirnhälfte, sei ungesteuerter, kreativer Spracherwerb nicht mehr möglich und es müsse stattdessen gesteuerter, regelbestimmter Unterricht erfolgen. Damit etablierte Lenneberg erstmals eine zeitliche Begrenzung für den Erstspracherwerb und damit auch eine deutliche Unterscheidung zwischen Erst- und Zweitspracherwerb.

Diese **Critical-Period-Hypothesis** ist in dieser starken Form obsolet. Zunächst einmal wissen wir heute, dass die von Lenneberg festgelegten Grenzen nicht korrekt sind: Der Erstspracherwerb beginnt bereits weit vor den ersten produktiven Äußerungen, wahrscheinlich schon im Mutterleib, und eine Tendenz zur Lateralisierung ist von Geburt an festzustellen; abgeschlossen ist der Lateralisierungsprozess weit eher als von Lenneberg angenommen. Aber auch Kinder, die mit nur einer Hirnhälfte aufwachsen, können Sprache erwerben. Die Thesen Lennebergs stammen aus einer Zeit, in der man glaubte, mit dem Broca- und dem Wernicke-Areal die Sprachfähigkeit im Gehirn genau lokalisiert zu haben. In der heute vertretenen Auffassung des Gehirns als einem dynamischen Netzwerk sind sprachrelevante Aktivitätsmuster über das gesamte Gehirn verteilt, ebenso Gedächtnisfunktionen, unabhängig von der Händigkeit (vgl. Oksaar 2003, 51f).

Aktuelle Ergebnisse im Bereich der Hirnforschung zeigen, dass bei bilingualen Personen, die zwei Sprachen im simultanen Erstspracherwerb erlernen, *nur ein einziges neuronales Netz für beide Sprachen* angelegt wird, in das jede später hinzukommende Sprachen integriert werden kann. Nach Abschluss des monolingualen Erstspracherwerbs muss hingegen für jede weitere

Sprache ein eigenes, zusätzliches neuronales Netz aufgebaut werden (vgl. Bickes 2004, 39ff). Somit zeigt sich eine neuronale Entsprechung für den größeren Aufwand, der mit dem Zweitspracherwerb verbunden ist. Doch auch hier ergibt sich kaum mehr als ein vager Anhaltspunkt für die stets mit der Diskussion um eine kritische Periode für den Zweitspracherwerb verbundenen Frage, ob beim nachzeitigen Erwerb dieselben neuronalen Mechanismen wie beim Erstspracherwerb greifen und ob es einen Unterschied zwischen monolingualem und bilingualem Zweitsprachenlernern gibt. Denn ein ergänzendes neuronales Netz bedeutet nicht notwendig, dass der Aufbau durch vollständig andere Mechanismen geschieht, sondern erst einmal nur, dass sich ab einem gewissen Ausbau des ersten Netzes eine interne Integration weiterer Daten als schwierig erweist.

Auch wenn sich die Hypothese einer kritischen Periode, außerhalb derer Erstspracherwerb unmöglich ist, nicht halten lässt, so gibt es doch unbestritten eine optimale Periode für diesen Entwicklungsschritt: Diese umfasst die ersten drei Lebensjahre und damit die Zeit der intensivsten kognitiven Entwicklung des Menschen. Diese Phase ist auch entscheidend für die soziale und intellektuelle Entwicklung des Kindes – es ist nur folgerichtig, dass in diesem ersten Lebensabschnitt das entscheidende Fundament für Sprache als dem grundlegenden sozialen und kognitiven Werkzeug des Menschen gelegt wird.

Unterschiede zum Erstspracherwerb

Nicht zufällig wird diese Grenze – Ende des dritten Lebensjahres – auch als Übergang vom Erst- zum Zweitspracherwerb gewertet. In diesen ersten Jahren wird die L1 in Grundzügen angelegt und verändert dabei die Ausgangsbasis für jede weitere Sprache gravierend: Eine Sprache ist vorhanden, in der die sozialen, emotionalen und kommunikativen Bedürfnisse gestillt werden können, eine Sprache, in der erstmals Perspektiven und Bezeichnungen für die kindliche Lebenswelt gefunden wurden, die mit der kognitiven Entwicklung eng verbunden anwuchs und neuronale Bahnen festigte, die zwar von Geburt an vorhanden waren, aber ohne diese Aktivierungen verkümmert wären. Ein Zeichensystem zur Bewältigung von Welt ist nun verfügbar und jedes weitere System wird zwangsläufig mit diesem verglichen, in das System eingeordnet und über dieses System erklärt. Hierin liegt der wesentliche Unterschied: Beim Zweitspracherwerb existiert bereits ein gefestigtes erstsprachliches System.

Grundsätzlich werden alle sprachlichen, aber auch begrifflichen Neuerwerbungen im Verlauf des Lebens auf Grundlage des jeweiligen Stands des sich entwickelnden Systems bewertet und eingeordnet. Zwei entscheidende Veränderungen im Lebenslauf sind die Gewichtung der externen Faktoren (z.B. Lerngelegenheit), die dem weiteren Spracherwerb ein zunehmend geringeres Zeitfenster zuweisen, und die interne Entwicklung bewusster und unbewusster Lernstrategien, insbesondere metasprachlichen Wissens und Reflektion über Sprache. Während z.B. im Erstspracherwerb von Kindern

Lautmuster zur Genuszuweisung genutzt werden und auf diese Weise bereits ab ca. 3;0 der genusmarkierte Artikel bis zu 90% korrekt gebraucht wird, haben erwachsene Sprachlerner, die hier andere Strategien einsetzen, erhebliche Probleme beim Erwerb des deutschen Genus. „Kleine Kinder nutzen die Informationen in den Lautmustern, weil das der Funktionsweise ihres kognitiven Systems zu dem Zeitpunkt in ihrer Entwicklung entspricht. Erwachsene tun das nicht mehr, da bei ihnen andere Ordnungssysteme im Erkennensprozess überwiegen" (vgl. Szagun 2008, 76).

Alter

Singleton und Ryan (2004) zeigen, dass es den einen Altersfaktor nicht gibt, sondern dass eine Reihe verschiedener Faktoren zusammenspielen. Soziopsychologische, soziokulturelle, kognitive und neurologische Aspekte erklären zusammen mit Umwelteinflüssen die oft frühzeitige *Fossilisierung* des Sprachstands von Erwachsenen. Studien zeigen, dass sich die beobachtbaren Phänomene, etwa eine bessere phonologische Aneignung bei jüngeren Lernern oder ein zunächst schnelleres Lerntempo der älteren Lerner im syntaktischen, morphologischen und semantischen Bereich, durch optimierte Lernbedingungen zu einem hohen Grad relativieren lassen. Durch ein spezielles Training kann es z.B. gelingen, auch Erwachsenen eine für sie bisher exotische Sprache akzentfrei beizubringen (vgl. Klein 1992, 22; Gass/Selinker 2001, 336); dabei werden nach neueren Erkenntnissen wahrscheinlich dieselben kortikalen Regionen angesprochen, die auch im Erstspracherwerb für lautliche Perzeption zuständig sind (vgl. OECD-Studie 2002, 52).

Je ungünstiger also die Bedingungen werden, die das Leben eines erwachsenen Lerners prägen, desto stärker müssen Faktoren wie Motivation, Umgebung oder Lernangebote optimiert werden, um einen angemessenen Erfolg zu erreichen. Das bedeutet aber auch, dass – obwohl Zweitspracherwerb bis ins hohe Alter ein sinnvolles Unterfangen bleibt – der Aufwand für das gleiche Resultat geringer ist, je jünger mit dem Erwerb einer weiteren Sprache begonnen wird. Das biologische Alter ist hier insofern ein Faktor, als es mit dem neurophysiologischen und dem psychisch-kognitiven Entwicklungsstand sowie den Lebensumständen des Lernenden korreliert.

Zusammen mit weiteren, vor allem soziopsychologischen und soziokulturellen Faktoren, gilt es, für jeden Lernenden jeweils optimale Bedingungen zu schaffen und dabei mit einzubeziehen, dass ein bestimmter Lebensabschnitt aufgrund dieser Faktoren letztlich geeigneter sein kann, um bestimmte sprachliche Fähigkeiten zu erwerben, als ein anderer. Die Zeit bis zur Pubertät ist in diesem Sinne besonders günstig, da Kinder zwar schon bewusste Thesen aufstellen und auf Grundlage ihrer L1 lernen können, aber noch unbefangener und in ihrem Alltag weniger belastet sind (vgl. Oksaar 2003, 56ff). Es fällt ihnen leichter als älteren, in ihrer sprachlichen Identität geprägten Lernern, die fremde Aussprache nachzuahmen. Mit dem Alter hingegen steigt die Fähigkeit, metasprachliche Erklärungen und

Verbesserungen aufzunehmen, und es sind kognitive Strategien vorhanden, um schneller und effektiver wesentliche syntaktische, morphologische und semantische Merkmale einer fremden Sprache zu erkennen.

10.2 Zwei Sprachen nacheinander

Die kognitive Grundausstattung des Menschen ist ausreichend, um nicht nur den Erstspracherwerb, sondern auch den *sukzessiven Zweitspracherwerb* mit all seinen vielfachen Einflussfaktoren zu bewältigen (vgl. Goldberg/Casenhiser 2008, 210f). Wir schließen uns Ellis (1997) an, der betont, dass „Language is like the majority of complex systems which exist in nature [...] [a]nd like these other systems, its complexity emerges from simple development processes being exposed to a massive and complex environment" (Ellis 1997, 54). Die Unterschiede zwischen beiden Erwerbsarten liegen vor allem in den anders gewichteten, zunehmend komplexen äußeren Einflüssen und der Tatsache, dass das kognitive System in seiner Entwicklung irreversible Fortschritte macht. So erweist sich anstelle des unbewussten und unbefangenen Erwerbs von Kindern beim Fremdspracherwerb ein gezielter Sprachunterricht als förderlich. Denn „[u]nlike rocks or clouds, humans are reactive to verbal instruction. Thus some parts of their environment can be made more salient [...] and learners are more likely to learn about the *parts of the environment* to which they selectively *attend*" (Ellis 1997, 54).

Damit sind im Prinzip dieselben grundlegenden Lernmechanismen, die bereits den Erstspracherwerb ermöglichen, auch im Zweitspracherwerb wirksam. So zeigen Goldberg und Casenhiser (2008, 206ff), dass sowohl Kinder als auch Erwachsene eine neue Konstruktion am schnellsten generalisieren, wenn diese zunächst in einer konstanten Form hervorgehoben wird, nach deren Beispiel Analogiebildungen möglich sind. Auch im Zweitspracherwerb werden Kategorisierungen aufgrund des vorhandenen Inputs vorgenommen, die sich auf alle Aspekte der Kommunikationssituation erstrecken: "This categorization process creates a vast network of phonological, semantic and pragmatic associations that range over what has traditionally been designated as lexicon and grammar. [...] In addition, it contains both specific and generalized information about form, meaning, and context of use of words and constructions" (Bybee 2008, 216f).

Die menschlichen Lernmechanismen (wie eben Mustererkennung, Kategorisierung und Analogiebildung) können ausreichen, eine weitere Sprache vollständig zu erwerben – sofern ausreichend Input angeboten wird (vgl. ebd. 233). Dass Sprache mit kommunikativer Bedeutung geäußert wird, ist aus dem L1-Erwerb hinreichend selbstverständlich, doch spielt auch Intentionserkennung im L2-Erwerb noch eine wichtige Rolle. Da die Lernmechanismen allerdings immer auf Grundlage des jeweiligen Entwicklungsstands des kognitiven Systems arbeiten, nutzt der erwachsene Lerner z.T. andere Wege, um sich die neuen fremdsprachlichen Konstruktionen zu erschließen.

So scheint sich z.B. beim Zweitspracherwerb das Ansammeln von formelhaften Sequenzen, die prinzipiell auch in der L2 in großen Mengen gespeichert und verarbeitet werden können, je nach Alter des Lerners unterschiedlich auszuwirken. Während beim kindlichen Lerner dies nach und nach einen Analyseprozess erleichtert, an dessen Ende grammatische Kategorien, Regeln und Muster verfügbar sind, scheint bei erwachsenen Lernern ein Anwachsen der formelhaften Sequenzen nur bedingt und unter bestimmten Umständen strukturbezogene Analyseprozesse auszulösen – sie dienen in erster Linie dem Bedürfnis nach rascher und flüssiger Kommunikation. „The conventional phrases that adult L2 learners use do not provide them with insights into the grammatical system of the language [...] It appears that for the L2 learner, grasping the lexical context of a fixed phrase does not guarantee acquisition of its syntax or morphology, much less an extension of its grammatical properties to the larger language“ (Ioup 1996, zitiert bei Aguado 2002). Dies erklärt auch, wieso unter bestimmten gesellschaftlichen Umständen eine *Fossilisierung* des Sprachstandes unterhalb der zielsprachlichen Kompetenz häufig zu beobachten ist – die erworbenen *holistischen* Redemittel reichen für die alltäglichen kommunikativen Bedürfnisse aus, ohne dass ein gesellschaftlicher Anreiz geschaffen wird, zusätzlich einen elaborierteren, d.h. durch produktive, abstraktere Schematisierung geleiteten Sprachgebrauch zu erwerben.

Je nach Input und Lernsituation können allerdings auch von der Zielsprache abweichende sprachliche und nicht-sprachliche Kommunikationsformen erlernt und im Weiteren, ebenso wie die korrekten Formen, generalisiert und automatisiert werden. Diese fossilisierten Formen können später nur schwer wieder verändert werden (vgl. Bybee 2008, 221). Somit können dieselben Mechanismen, die Spracherwerb erst ermöglichen, diesen behindern, sobald ein Umbau von bereits automatisiertem Sprachverhalten erforderlich ist.

Eine wichtige Rolle in der Zweit- und Fremdspracherwerbsforschung spielt der **Transfer**begriff. Ursprünglich verankert im Umfeld der behavioristisch ausgerichteten Kontrastiven Linguistik, die unter Transfer das unbewusste Übertragen von sprachlichen Gewohnheiten (*habits*) aus der Ausgangssprache in die Zielsprache verstand, wandelt sich das Bild hin zum Verständnis von Transfer als Strategie des autonomen Lerners und kennzeichnet den konstruktiven Charakter des Erwerbsprozesses. Demzufolge nutzen Lerner sowohl Ähnlichkeiten wie auch Unterschiede zwischen Ausgangs- und Zielsprache beim Aufbau zielsprachlicher Kompetenz, aber auch frühere Sprachlernerfahrungen sowie Wissen, das durch den Erwerb einer bereits gelernten anderen Zweit- oder Fremdsprache verfügbar ist.
Unterschieden werden *positiver* oder *negativer* Transfer, wobei das Resultat des negativen Transfers häufig als *Interferenz* bezeichnet wird. Im Gefolge der Interpretation von Transfer als Strategie beim

Aufbau lernersprachlicher Niveaustufen werden sogar *Fehler* zu Symptomen kreativer und konstruktiver Prozesse auf Lernerseite umgedeutet. Transfererscheinungen treten sehr vielgestaltig auf. Sie reichen vom kaum beobachtbaren Vermeidungsverhalten hinsichtlich zielsprachlicher Strukturen, die in der L1 nicht auftreten bis hin zum aktiven Suchen nach herkunftssprachlichen Strukturen in der Zielsprache, die es dort nicht gibt. So nutzen Sprecher, in deren Herkunftssprache verschiedene Verben gebraucht werden, um eine Kollision zwischen Menschen oder aber zwischen Fahrzeugen auszudrücken (z.B. Schwedisch), auch in einer L2, die diese Unterscheidung nicht kennt (z.B. Englisch), jeweils unterschiedliche Verben dieser Sprache je nach kollidierendem Objekt (vgl. Jarvis/Pavlenko 2008, 148).
Transfer tritt auf allen Ebenen der linguistischen Beschreibung auf: auf der phonetisch-phonologischen Ebene beim Sprechen und Verstehen, im orthografischen Bereich, auf morphologischer und morphosyntaktischer Ebene (z.B. bei Präfixverben), auf lexikalischer Ebene (bekannt sind sog. *falsche Freunde* (auch: *faux amis, false friends*), die trotz Ausdrucksähnlichkeit inhaltlich Unterschiedliches meinen: z.B. engl. *mist* = „Nebel“ gegenüber dt. *Mist* = „Dung“, „Quatsch“), auf syntaktischer Ebene (z.B. in der Wortstellung), in der Text- und Gesprächsorganisation und in vielen pragmatisch relevanten Bereichen (vgl. Bickes 1995). Gerade diese situationalen Interferenzen, wie sie etwa beim Ausdruck von Höflichkeit vorkommen können (vgl. Oksaar 2003, 142ff), oder aber der Transfer von Konzepten, wie z.B. der Markierung im Türkischen, die angibt, ob ein Geschehen miterlebt wurde oder nicht (vgl. Jarvis/Pavlenko 2008, 121f), sind oberflächlich schwer auszumachen und z.T. sehr beständig.

Das Ergebnis des Zweitspracherwerbs kann sowohl durch die äußeren Gegebenheiten des Lernens als auch durch Gründe, die im Lerner selbst liegen, beeinflusst werden. Damit kann praktisch alles, was den Menschen auf psychischer, sozialer oder kognitiver Ebene beeinflussen kann, auch Auswirkungen auf den Lernprozess nehmen. Es hat nicht an Versuchen gefehlt, einzelne dieser Variablen in Korrelation zu sprachlichen Phänomenen zu setzen, insbesondere besteht die Neigung, auf diese Weise von der Zielsprache abweichende Formen zu erklären. Oksaar (2003) betont ausdrücklich, dass es sich beim Spracherwerb um einen dynamischen, nichtlinearen Prozess handelt, in dem es zu unvorhersehbaren Fort- und Rückschritten kommt und in dem daher keine proportionalen Ursache-Wirkungs-Zusammenhänge zu erwarten sind.

Zum einen können in einem solch komplexen Beziehungsgeflecht schon kleine Unterschiede in den Bedingungen zu großen Unterschieden in den Ergebnissen führen, so dass mögliche kausale Zusammenhänge schwer feststellbar sind. Zum anderen bedingen sich viele Faktoren gegenseitig, verstärken sich in ihren Auswirkungen oder schwächen sich ab. Die im Folgenden vorgestellten Faktoren können gleichwohl einen Einblick in das Bedingungsgeflecht erfolgreichen Spracherwerbs bieten, solange man nicht versucht, sie deterministisch aufzufassen.

Motivation

Während beim Erstspracherwerb ein grundlegendes soziales Bedürfnis erfüllt wird, durch das der Säugling letztlich sein Überleben sichert, kann der Zweitspracherwerb aus vielerlei Gründen geschehen: Die grundlegende Möglichkeit zur sprachlichen Kognition und Kommunikation ist schon vorhanden, weitere Anstrengungen benötigen einen externen Anreiz. Möglich ist zum einen eine instrumentelle Motivation, bei der die L2 zu einem bestimmten Zweck erworben wird, etwa für wirtschaftliche Vorteile, geplante Reisen, Zugang zu (Fach-)Wissen oder auch, um eine andere Kultur kennen zu lernen (vgl. Baker 2003, 123ff). Dabei bleibt der Sprachlerner im bisherigen monolingualen Umfeld und hat nur unter besonders günstigen Umständen (z.B. geschäftlich) und wenn überhaupt nur kurz (z.B. auf Reisen) die Möglichkeit, seine L2 zur Kommunikation einzusetzen. Ohne diesen alltäglichen Umgang mit Sprache kann aber kaum eine kompetente bilinguale Sprachbeherrschung erreicht werden.

Zum anderen kann aber auch eine Motivation zur gesellschaftlichen Integration hinter dem Spracherwerb stehen. Diese Motivation gilt als recht wirksam, dient die L2 hier doch der Eingliederung in eine neue Gesellschaft (vgl. ebd.). Der Lernort ist in aller Regel das Aufnahmeland und die zweite Sprache ist unverzichtbar für eine erfolgreiche Partizipation in wichtigen gesellschaftlichen Domainen und für den Aufbau persönlicher Bindungen. Damit ähnelt diese Motivation dem Bedürfnis nach sozialer Einbindung, das dem Erstspracherwerb unterliegt. Kann jedoch schließlich die L2 die sozialen und psychologischen Funktionen der L1 übernehmen, besteht die Gefahr, dass die L1 vernachlässigt wird. Um Mehrsprachigkeit zu erreichen, muss die L1 aber während der zunehmenden zweitsprachlichen Kompetenzen erhalten bleiben (bzw. bei Kindern weiterentwickelt werden), was in diesem Fall ebenfalls der Motivation bedarf.

Entscheidende Momente sind zum einen der Eintritt in die Sphäre der Mehrheitssprache spätestens mit Schulbeginn und zum anderen die Pubertät als Phase der Auseinandersetzung mit den elterlichen Werten und Festigung der eigenen Identität. Bereits ab dem Kindergartenalter lernen Kinder, welche Sprache das größere Prestige genießt – nur, wenn Gesellschaft und Familie eine positive Einstellung zu beiden Sprachen erlauben, kann das Kind zu einer tragbaren zweisprachigen Identität gelangen. Bei negativen Rückmeldungen des sozialen Umfeldes kann es trotz Bemühungen der Eltern sogar zur Weigerung kommen, die Minderheitensprache weiter zu sprechen. Baker warnt an dieser Stelle, „that the minority language needs care and attention, status and much usage in the young child" (Baker 2003, 93). Auch wenn es nicht bis zum Sprachverlust kommt, ist die gesellschaftlich nicht unterstützte Sprache allein aufgrund der geringeren Gebrauchsmöglichkeiten in der Regel die schwächere, in der oft nur passive Fähigkeiten bestehen bleiben.

Kultur

Einen hier weiterführenden Ansatz bieten Modelle, die die soziale Distanz mit einbeziehen, wie z.B. Schumanns (1978) *acculturation model*. Ausgangspunkt ist die Annahme, dass gleichzeitig mit dem Erlernen einer zweiten Sprache auch eine Auseinandersetzung mit der damit verbundenen Kultur stattfindet, auf Grundlage der durch L1 und bisheriger Kultur gebildeten Identität. Je eher der Lerner bereit ist, sich zu akkulturieren, desto eher erwirbt er auch die entsprechende Sprache. Beeinflusst wird diese Bereitschaft durch bestehende Dominanzverhältnisse zwischen den Sprachgruppen und der Einstellung des Sprechers gegenüber den Sprachen.

Zweitspracherwerb und Erstspracherhalt

Insbesondere bezogen auf den Kontext der *Migration* gibt die AKI-Forschungsbilanz 4 (vgl. Esser 2006) interessante Einblicke in das Verhältnis von bedingenden Faktoren im Zweitspracherwerb und Erstspracherhalt. Der Soziologe Esser vergleicht die bewusste Entscheidung zum aktiven Zweitspracherwerb mit einer Investition: Sie wird getroffen, wenn die motivierenden Vorteile des zu erreichenden Zustands unter Berücksichtigung der Gelegenheiten, des Aufwands und der (sozialen und finanziellen) Kosten im Vergleich zum momentanen Zustand überwiegen (vgl. Esser 2006, 16ff). Dieses Verhältnis wird bestimmt durch die individuelle Situation des Lerners, im Fall der Migranten von der Familien- und Migrationsbiographie, dem Herkunfts- und Aufnahmekontext sowie dem ethnischen Kontext. Zwischen den einzelnen Faktoren bestehen dabei Wechselwirkungen, so dass sich positive sowie negative Effekte gegenseitig verstärken können.

Deutlich wird in Essers Ausführungen vor allem, dass gerade ein Großteil derjenigen Faktoren, die den Zugang und die kommunikative Verwertbarkeit der L1 steigern und somit grundlegend für deren Erhalt sind, gleichzeitig die Wahrscheinlichkeit des Zweitspracherwerbs sinken lassen. Ausnahmen bilden dabei die Intelligenz, die beide Sprachen fördert und die Bildung: Zwar behalten tendenziell gerade die bildungsferneren Schichten ihre L1 länger in der alltäglichen Kommunikation bei, doch die gebildeten Schichten können aus ihrer Zweisprachigkeit eher Kapital schlagen (vgl. Esser 2006, 49).

Weiterhin fördert eine geringe soziale Distanz zwischen den Sprachgemeinschaften nicht nur den Zweitspracherwerb, sondern auch den Erstspracherhalt. Die Lernumgebung entscheidet darüber, ob eine positive Identität bezüglich beider Kulturen und Wertesysteme entwickelt werden kann (vgl. Butler/Hakuta 2004, 132). Während eine auf monolinguale Assimilation ausgerichtete Politik sich nur auf den Spracherwerb, nicht aber auf den Spracherhalt günstig auswirkt, begünstigt eine multikulturell eingestellte Gesellschaft beide Voraussetzungen einer kompetenten Mehrsprachigkeit (Bickes 2009).

Obwohl also empirisch häufig gerade die Faktoren, die den Zweitspracherwerb begünstigen, gleichzeitig den Erstspracherhalt erschweren, muss hier nicht zwangsläufig eine negative Beziehung angenommen werden. Bestimmte günstige Bedingungen ermöglichen beides, Spracherwerb und Spracherhalt. Dazu gehören neben Intelligenz, Bildung und geringer sozialer Distanz auch frühzeitiger Zugang zu Lerngelegenheiten beider Sprachwelten, besondere Förderung der Muttersprache und produktive Nutzbarkeit beider Sprachen (vgl. Esser 2006, 55).

Zugleich wird deutlich, dass auch ein erfolgreicher sukzessiver Zweitspracherwerb nicht unbedingt zu kompetenter Mehrsprachigkeit führt. In der dynamischen, individuellen Sprachbiographie bedarf es nicht nur begünstigender Umstände, um weitere Sprachen zu erwerben, sondern auch Bemühungen, alle vorhandenen Sprachen zu erhalten. Dies erfordert in der Regel eine besondere ideelle oder finanzielle Motivation und eine Umgebung, in der im Prinzip regelmäßiger Zugang zu beiden Sprachen möglich ist. In einer monolingual ausgerichteten Gesellschaft ist sprachliche Assimilation vordergründig ökonomischer, da eben nur Kompetenzen in einer Sprache (und ihren Varietäten) ausgebildet werden müssen. Im Generationswechsel vollzieht sich daher regelmäßig ein *language shift* (Sprachwechsel).

Ein **Language Shift** (*Sprachwechsel*) findet statt, wenn eine Sprache nicht mehr an die nächste Generation weitergegeben wird. Die Brücke zwischen den verschiedensprachigen Generationen bildet in der Regel eine bilinguale Generation, die sowohl die ursprüngliche wie auch die neue Familiensprache kompetent beherrscht. Dieser typische *Drei-Generationen-Shift* findet sich anschaulich im Modell von García und Diaz (1992, 14). Sie fanden in den meisten Migrantengruppen der USA eine solche Verschiebung von einer ersten Generation, für die das Englische Fremdsprache war, über eine zweite, bilinguale Generation, die ihre Heimatsprache nur noch in der Familie, das Englische aber in allen formalen Domänen und später in fast allen Kontexten sprach. Bereits die dritte Generation sprach nur noch Englisch, war also monolingual. In späteren Forschungen wurde dieser *Language Shift* auch über Zeiträume von vier oder fünf Generationen festgestellt, aber prinzipiell in allen Migrantengruppen nachgewiesen (auch den türkischen Migranten in Deutschland, vgl. Esser 2006, 38, 42).
Neben politischen, sozioökonomischen und psychologischen Faktoren haben auch kulturelle und linguistische Distanzen Einfluss darauf, ob ein *Language Shift* stattfindet und wie schnell sich die Veränderung vollzieht. Erfasst ein *Language shift* nicht nur einzelne Familien einer Minderheitensprache sondern die ganze Sprachgemeinschaft, kann es zum vollständigen Verschwinden der Minderheitensprache kommen, dem **Language death** (*Sprachtod*). Werden keine neuen Sprachnutzer mehr reproduziert, stirbt eine Sprache mit dem Tod ihres letzten Sprechers aus.
Das US Summer Institute of Linguistics listet im Jahr 2009 insgesamt 516 Sprachen auf, die bereits nahezu ausgelöscht sind (ausgehend von einer totalen Anzahl knapp 7000 Sprachen entspricht dies 7,5%). In jeder dieser Sprachen gibt es nur noch wenige ältere Sprecher: in einigen noch bis zu hundert, in anderen nur den einen, letzten Sprecher. Prognosen zufolge werden innerhalb der nächsten hundert Jahre etwa die Hälfte der heutigen Sprachen verschwunden sein; langfristig werden vermutlich nur 10%, also etwa 600-700 Sprachen, überleben (vgl. Baker 2003, 50).

Reversing Language Shift

Den *Language shift* aufzuhalten oder sogar umzukehren, bedeutet somit immer auch eine Veränderung der Lebensumstände, die zu dieser Verlagerung geführt haben: (Sprach-)Grenzen müssten wieder errichtet werden, die im Zuge der Globalisierung zerfallen sind (vgl. Fishman 1990, 83, 86). Fishman, der sich sowohl in seiner theoretischen wie auch in seiner praktischen Arbeit intensiv mit *Reversing Language Shift* auseinandergesetzt hat, formuliert in seiner *Graded Intergenerational Disruption Scale* (GIDS) Kriterien für eine gestufte Einordnung der potentiellen Gefährdung einer bestimmten Sprache (vgl. Fishman 1990, 93ff; 1993, 115; Baker 2003, 72ff). Entsprechend lässt sich hier auch der jeweils nächste Schritt ablesen, der nötig ist, um dem *Language Shift* entgegenzuwirken. Die Skala soll es erleichtern, in einer gegebenen Situation den Stand einer gefährdeten Sprache zu analysieren und die vorgängig notwendigen Maßnahmen zu ergreifen, auch wenn diese nicht unbedingt kurzfristig Wirkung zeigen oder politisch schwer zu vermitteln sind.

Insbesondere die Familienarbeit ist für Fishman Schwerpunkt jeder Sprachförderung: Entscheidend ist die Weitergabe einer Sprache von den Eltern an die Kinder und die Entscheidung der Jugendlichen, diese Sprache beizubehalten und später selbst als Familiensprache zu pflegen (Stufe sechs der GIDS). Von diesem Fundament aus können alle weiteren Maßnahmen eingeleitet werden, und diese Basis muss permanent beachtet und gepflegt werden. Kann diese sechste Stufe nicht erreicht werden, sind alle weiteren politischen und ehrenamtlichen Bemühungen vergebens. Die intime Sphäre des Familienlebens – die Entscheidung für eine Familiensprache, für gelebte Kultur – ist indes von außen durch rationale Planungen schwer zu beeinflussen.

10.3 Kriterien für Mehrsprachigkeit

Problem der Definition

Als bilingual bezeichnet man jemanden, der mehr als eine Sprache vollständig beherrscht. So oder ähnlich könnte die Alltagsdefinition aussehen, die die meisten Menschen im Sinn haben, wenn sie über Mehrsprachigkeit reden. Für ein alltägliches Gespräch mag diese Definition auch allemal ausreichend sein, um beide Gesprächspartner über einen annähernd ähnlichen Gegenstand sprechen zu lassen. Sobald es aber um die Beurteilung der individuellen Sprachkompetenz eines konkreten Menschen geht, treten Schwierigkeiten auf: Ist X noch bilingual, wenn er nach Jahrzehnten in der Migration seine Herkunftssprache nicht mehr flüssig spricht? Ist Y schon bilingual, wenn sie seit Jahren die englischen GeschäftspartnerInnen ihrer Firma betreut?

Das sprachliche Repertoire eines Menschen setzt sich zusammen aus der dynamischen Beherrschung verschiedener Varietäten einer oder mehrerer Sprachen. Abhängig von der aktuellen Lebenssituation kann der Sprachstand dabei jeweils unterschiedlich hoch sein: Kommunikationsbedarf, politische und soziale Umgebung sowie psychologische Faktoren bestimmen permanent die sprachliche Biographie. Häufig herrscht dabei während einer bestimmten Lebensphase eine Varietät vor; bei Mehrsprachigkeit spricht man hier von *sprachlicher Dominanz* einer Einzelsprache. Zudem stehen Bilingualen durch ihre zwei Sprachen zwei deutlich unterschiedene Varietäten zur Verfügung, die im *Code-Switching* flexibel eingesetzt werden können. In der typischen diglossischen Situation erfüllt sogar jede Sprache eine eigene (gesellschaftliche) Funktion. Allein hieran zeigt sich, dass die Vorstellung, Bilingualismus sei nichts weiter als das verdoppelte Sprachrepertoire eines Monolingualen, der komplexen Sprachwelt eines Bilingualen nicht gerecht werden kann, wie Grosjeans in einem Aufsatztitel deutlich formuliert: „Neurolinguists beware! The bilingual is not two monolinguals in one person" (Grosjean 1989, 202).

Klassische Definitionsversuche teilen sich auf in die engen Definitionen (z.B. Bloomfield 1933, 55f), die eine muttersprachliche Beherrschung beider Sprachen fordern, und die weiten Definitionen (z.B. Haugen 1969, 6f), die einen Sprecher schon als bilingual ansehen, sobald er einige sinnvolle fremdsprachige Sätze äußern kann. Beide Ansätze können dem vielschichtigen, dynamischen Phänomen der Mehrsprachigkeit nicht gerecht werden. Inzwischen ist die bewusste Anerkennung dieser Komplexität Teil der Mehrsprachigkeits-Forschung: „In order to study bilingualism we are forced to consider it as something entirely relative because the point at which the speaker of a second language becomes bilingual is either arbitrary or impossible to determine" (Romaine 1989, 11).
Aktuelle Definitionen versuchen nicht mehr, einen konkreten Mindestwert der individuellen Beherrschung zweier Sprachen zu bestimmen, sondern legen den Schwerpunkt auf den funktionalen Einsatz von Sprache: Heute wird Bilingualismus allgemein beschrieben als *der regelmäßige Gebrauch von mehr als einer Sprache zu kommunikativen Zwecken*. Wir schließen uns dieser gebrauchsorientierten Definition an, da hier der soziale und wandelbare Aspekt der alltäglichen Kommunikation fokussiert wird, statt dass einem separaten Individuum das Prädikat ‚bilingual' zu- oder abgesprochen wird. Obwohl eine solche Definition in ihrer Spezifizierung unscharf bleiben muss, trifft sie im Kern die Grundlage der Mehrsprachigkeit: Nur im alltäglichen Umgang mit zwei Sprache in der sozialen Sprachgemeinschaft können diese mit all ihren verbalen und non-verbalen Facetten erworben und gebraucht werden; also muss sich die Anzahl der Sprachen, über die ein Individuum verfügt, aus diesem Kontext bestimmen. Bezeichnender Weise umfasst eine solche Definition keine Fremdsprachenlerner, solange diese eine Sprache nur in institutioneller Umgebung erwerben und gebrauchen, unabhängig von ihrer Expertise in dieser Sprache.

Weitere Unterteilungen

In Untersuchungen wird allerdings nicht die ganze, heterogene Gruppe der bilingualen Sprecher betrachtet, sondern i.d.R. nur ein in seinen Erwerbs- und Gebrauchsbedingungen weiter eingeengter Kreis an Probanden. Hierzu finden sich in der Literatur eine Reihe von differenzierenden Definitionen, die helfen, den individuellen bilingualen Sprecher genauer zu beschreiben (eine gute Übersicht bieten Butler/Hakuta 2004, 115ff). Eine erste Einordnung erfolgt in der Regel nach dem Zeitpunkt des Zweitspracherwerbs: Als *primäre* (auch: *simultane* oder *gleichzeitige*) *Bilingualität* bezeichnet man das gleichzeitige Erlernen von mehr als einer Sprache bis zum dritten Lebensjahr. Ein späterer Zweitspracherwerb wird als *sekundär* (auch: *sukzessiv* oder *nachzeitig*) bezeichnet, einige Autoren (z.B. Triarchi-Herrmann 2006, 44) machen zusätzlich den Unterschied zwischen *frühem Zweitspracherwerb* (nach dem dritten Lebensjahr, aber vor der Pubertät) und *spätem Zweitspracherwerb* (nach der Pubertät). Die Beurteilung solcher Grenzziehungen ist abhängig von der Einschätzung der *Critical-Period-Hypothesis* (s. Kap. 10.1).

Semilingualismus

Des Weiteren kann man die mehrsprachigen Fähigkeiten in allen sprachlichen Fertigkeiten (Sprechen, Hören, Schreiben, Lesen) einzeln einordnen. Ebenfalls üblich ist der Terminus *Semibilingualismus* für nur *rezeptive* Kompetenzen ohne produktive Fähigkeiten in der L2 (vgl. Edwards 2004, 10; Romaine 1989, 10). Strikt davon zu unterscheiden ist *Semilingualismus* (auch: *doppelte Halbsprachigkeit*). Als *semilingual* bezeichnet man Kinder, die in ihren beiden Sprachen sowohl qualitative als auch quantitative Defizite aufweisen. Der Begriff ist umstritten, diente er doch zunehmend zur Stigmatisierung von Kindern mit Migrationshintergrund (s. Kap. 9.3). Im Rahmen unserer Betrachtung des Spracherwerbs als eines konstruktiven Prozesses, der fossilisieren kann, sobald die kommunikativen Bedürfnisse mit dem vorhandenen Potential befriedigt werden können, betrachten wir diese Erscheinung im Kontext der Lernersprachentheorie als Entwicklungs- und Orientierungsphase im bilingualen Spracherwerb. Die *Lernersprache* bildet ein aus Komponenten beider Sprachen sowie unabhängigen Einheiten bestehendes, in sich geschlossenes sprachliches System, das den jeweiligen Entwicklungsstand des Lerners widerspiegelt. Zu jedem Zeitpunkt des Spracherwerbs wird dieses System auf Grundlage des bisherigen Inputs erstellt und durch weiteres Material bzw. Umstrukturierung des vorhandenen verändert, bis es schließlich im Laufe seiner Entwicklung fließend in die Zielsprache übergeht (vgl. Oksaar 2003, 112ff, 123).

Im Zusammenhang mit Zweitspracherwerbs- und Fremdspracherwerbsforschung hat Selinker (1969, 1972) den Begriff der *Interlanguage* eingeführt. Im Deutschen sind auch die Bezeichnungen **Lernersprache** und *Interimsprache* üblich. Je nach theoretischem Hintergrund gibt es unterschiedliche Bestimmungen des Begriffs. Gemein ist allen Varianten die Annahme, dass im Spracherwerb bei der Annäherung an zielsprachliche Kompetenzen vorläufige Zwischenstadien auftreten. Lerner bilden dynamische Übergangssysteme heraus, die sie vorübergehend beibehalten, bis sie ein neues Kompetenzniveau erreichen. Lernersprachen weisen Züge der Ausgangs- und der Zielsprache, aber auch zusätzliche eigenständige Charakteristika auf. Lerner können (z.B. unter Stressbedingungen) in Teilbereichen ihrer erreichten Lernersprache auf ein früheres Niveau zurückfallen *(backsliding)*. Verharren Lerner langfristig auf einem Plateau, weil es an hinreichender Motivation mangelt, spricht man von *Fossilisierung* (auch: *Fossilierung*). Ein typisches Beispiel dafür ist das sog. ‚Gastarbeiterdeutsch' mit einer Häufung von Infinitiven. Im Detail sind mit dem Konzept der Lernersprache eine Reihe offener Fragen verbunden.

Kompetente Mehrsprachigkeit

Sind hohe Kompetenzen in beiden Sprachen vorhanden, spricht man von *kompetentem* (auch: *balanciertem*) *Bilingualismus*. Bei den meisten bilingualen Sprechern befinden sich beide Sprachen allerdings nur selten auf demselben Stand, sondern eine der beiden dominiert (*dominanter Bilingualismus*) – als optimal gilt jedoch der ausgeglichen balancierte Mehrsprachige, der in beiden Sprachen über äquivalente Kenntnisse verfügt. Wir bevorzugen den Ausdruck der *kompetenten Mehrsprachigkeit*, da hier weniger auf das nur selten erreichbare Ideal der Gleichsprachigkeit abgezielt wird, sondern vielmehr auf die Kompetenz, in zwei Sprachen anspruchsvoll kommunizieren zu können.

Aufgaben und Literaturvertiefung zu diesem Kapitel finden Sie unter http://www.daf-daz.uni-hannover.de/libac.html

11. Warum Spracherwerb nie endet

Obwohl der Spracherwerb nach Ende des dritten Lebensjahres in seinen Grundzügen als abgeschlossen gilt und bis zum Beginn der Pubertät auch die komplexeren Konstruktionen der Erstsprache aktiv beherrscht werden, unterliegt die Sprache einem lebenslangen Ausbau und Umbau. Insbesondere benötigt die Entwicklung dialogischer und narrativer Fähigkeiten, deren Vorläufer wir bereits in den frühen Protokonversationen mit deutlichen Elementen des Sprecherwechsels (*turn-taking*) kennengelernt haben, noch viel Zeit. Wir können diese Prozesse aus Platzgründen hier nicht nachzeichnen, doch sei erwähnt, dass mit der Entwicklung der Konversationsfähigkeiten in besonderer Weise eine Weiterentwicklung der Fähigkeit einhergeht, andere und eigene Perspektiven einzunehmen, zu simulieren, hypothetische oder vergangene Varianten durchzuspielen und zu bewerten. Auch die Möglichkeiten, in Selbstnarrationen das eigene Selbst in Form einer kohärenten Geschichte zu fassen, erweitern sich im Zuge des Aufbaus dialogischer und narrativer Potentiale. Bereits im Alter zwischen fünf und sieben Jahren beginnen Kinder, Regeln zu verinnerlichen und über ihr eigenes Nachdenken und Problemlösen zu reflektieren. Auch entwickeln sie metakognitive Fähigkeiten zur Selbststeuerung (Tomasello 2002, 223).

In literalisierten Gesellschaften findet in eben dieser Zeit ein weiterer gravierender Sprachausbau in Form des Schriftspracherwerbs statt, den Wygotski (1969) einmal treffend als ‚zweiten Spracherwerb' bezeichnet hat. Die Auseinandersetzung mit der visualisierten Sprache ermöglicht eine Reanalyse des bisherigen Sprachwissens und forciert über die Ausbildung eines schriftsprachlichen Ausdrucksvermögens die Entdeckung weiterer Perspektivierungsmittel. Neben der Beherrschung der *medialen Schreibtechnik* muss bei zunehmendem Schriftgebrauch auch die *konzeptionelle Schriftsprache* (nach Koch/Östereicher 1994) erlernt werden, also eine dem schriftlichen Register entsprechende Ausdrucksweise. Anders als im mündlichen Sprachgebrauch, in dem Kontextsignale und Situation zur Kohärenzbildung beitragen, erfordert die schriftsprachliche, in Zeit und Raum zerdehnte Kommunikation das Beherrschen anderer und zusätzlicher sprachlicher Mittel.

Partizipationschancen in unserem Bildungssystem sind in besonderem Maße vom Erwerb schriftsprachlicher Register abhängig, die in neueren medialen Umgebungen fortlaufend zusätzlich ausdifferenziert werden (Schreiben von SMS, E-mail, Chat, Recherchen im Internet etc.). Hier wirken mündliche Traditionen auf schriftsprachliche Ausdrucksweisen ein (die prototypische SMS-Sprache ist tendenziell konzeptionell mündlich), gleichzeitig werden Elemente der konzeptionellen Schriftsprachlichkeit in die medial mündliche Sprache übernommen – insbesondere bei regelmäßiger Auseinandersetzung mit entsprechend verfassten Texten. Dies ist vor allem in schulischen Kontexten der Fall; schulische Kommunikation ist in weiten Bereichen schriftsprachlich geprägt.

Wie PISA gezeigt hat, ist der Bereich der schriftsprachlich geprägten bildungssprachlichen Kommunikation genau jener, an dem sich die Partizipationschancen unterschiedlicher sozialer Gruppen scheiden. Insbesondere bei Kindern aus ökonomisch schwachen Elternhäusern und bei Kindern mit Migrationshintergrund gelingt es dem Bildungssystem nicht, den erforderlichen Ausbau des ‚zweiten Spracherwerbs' angemessen zu fördern. Die zum Bestehen in einer hochliteralisierten, technisierten und heterogenen Gesellschaft erweiterte Perspektivenvielfalt bleibt überproportional großen Teilen dieser Gruppen verschlossen.

Literaturverzeichnis

Aguado, K. (2002): Formelhafte Sequenzen und ihre Funktionen für den L2-Erwerb. In: Zeitschrift für Angewandte Linguistik, 37. 27-50.
Androutsopoulos, J. (2006): Mehrsprachigkeit im deutschen Internet: Sprachwahl und Sprachwechsel in Ethno-Portalen. In: P. Schlobinski (ed.): Von *hdl* bis *cul8r*. Sprache und Kommunikation in den Neuen Medien. Duden – Thema Deutsch. Band 7. Mannheim/Leipzig/Wien/Zürich. 172-196.
Baker, C. (2003): Foundations of Bilingual Education and Bilingualism. Clevedon/Buffalo/Toronto/Sydney.
Barrett, M. (ed.) (1999): The Development of Language. Hove, East Sussex.
Bates, E./Bretherton, I./Snyder, L. (1988): From first words to grammar. Individual differences and dissociable mechanisms. Cambridge, England.
Bates, E./MacWhinney, B. (1979): The functionalist approach to the acquisition of grammar. In: E. Ochs/B. Schieffelin (eds.): Developmental pragmatics. New York.
Bates, E./MacWhinney, B. (1989): Functionalism and the competition model. In: B. MacWhinney/E. Bates (eds.): The crosslinguistic study of sentence processing. Cambridge, England. 3-73.
Bates, E/Marchman, V./Thal, D./Fenson, L./Dale, P./Reznick, S./Reilly, J./Hartung, J. (1994): Developmental and stylistic variation in the composition of early vocabulary. In: Journal of Child Language, 21. 85-123.
Becker, A. (1983): Toward a post-structuralist view of language learning: A short essay. In: Language Learning, 33. 217-220.
Behrens, H. (1999): Was macht Verben zu einer besonderen Kategorie im Spracherwerb? In: J. Meibauer/M. Rothweiler (eds.). 32-50.
Belliveau, C. (2002): Simultaner bilingualer Spracherwerb unter entwicklungs- und kognitionspsychologischen Aspekten. Aachen.
Berko, J./Brown, R. (1960): Psycholinguistic Research Methods. In: P.H. Mussen (ed.): Handbook of Research methods in Child Development. New York. 517-557.
Bhatia, T.K./Ritchie, W.C. (eds.) (2004): The Handbook of Bilingualism. Malden/Oxford/Victoria.
Bialystok, E. (ed.) (1991): Language processing in bilingual children. Cambridge.
Bialystok, E. (1991): Introduction. In: E. Bialystok (ed.). 1-9.
Bialystok, E. (2004): The Impact of Bilingualism on Language and Literacy Development. In: T.K. Bhatia/W.C. Ritchie (eds.). 577-601.
Bickes, C. (1995): „Wir senden unsere Herzen“ – oder: Zum Umgang mit Interferenzen auf unterschiedlichen sprachlichen Rängen im Fremdsprachenunterricht. In: Info DaF, 22 (1). 60-68.
Bickes, H. (1993): Semantik, Handlungstheorie und Zeichenbedeutung. In: H. Stachowioak (ed.): Pragmatik. Handbuch pragmatischen Denkens. Bd. IV: Pragmatische Sprachphilosophie, Sprachpragmatik und formative Pragmatik. Hamburg. 156-187.
Bickes, H. (2004): Bilingualismus, Mehrsprachigkeit und mentales Lexikon. Evolutionsbiologische, soziokulturelle und kognitionswissen-

schaftliche Perspektiven. In: Fremdsprachen Lehren und Lernen, 33. 27-51.
Bickes, H. (2009): Perspektiven der Mehrsprachigkeit. In: W.-A. Liebert/ H. Schwinn (eds.): Mit Bezug auf Sprache. Festschrift für Rainer Wimmer. Mannheim. 335-359.
Bloom, L. (2002): The transition from infancy to language. Acquiring the power of expression. Cambridge.
Bloom, L./Miller, P./Hood, L. (1975): Variation and Reduction as Aspects of Competence in Language Development. In: A. Pick (ed.): Minnesota Symposia on Child Psychology. Vol. 9. Minneapolis. 3-55.
Bloomfield, L. (1933): Language. New York.
Bråten, S. (2002): Altercentric perception by infants and adults in dialogue: Ego's virtual participation in alter's complementary act. In: M. Stamenov/ V. Gallese (eds.). 273-294.
Bruner, J. (1987): Wie das Kind sprechen lernt. Bern/Göttingen/Toronto/Seattle.
Bruner, J. (1990): Acts of meaning. Cambridge, MA/London.
Butler, C. (1995): Between lexis and grammar: Repeated word sequences and collocational frameworks in Spanish. Paper presented to 5th Dyffryn Conference on Vocabulary and Lexis. Cardiff. 31. March-2. April.
Butler, Y.G./Hakuta, K. (2004): Bilingual and Second Language Acquisition. In: T.K. Bhatia/W.C. Ritchie (eds.). 114-144.
Butzkamm, W./Butzkamm, J. (1999): Wie Kinder sprechen lernen. Kindliche Entwicklung und die Sprachlichkeit des Menschen. Tübingen/ Basel.
Bybee, J. (2008): Usage-based grammar and second language acquisition. In: P. Robinson/N.C. Ellis (eds.). 216-236.
Cameron-Faulkner, T./Lieven, E./Tomasello, M. (2003): A construction based analysis of child directed speech. In: Cognitive Science, 27. 843-873.
Carpenter, M./Akhtar, N./Tomasello, M. (1998): Fourteen- to 18-month-old infants differentially imitate intentional and accidental actions. In: Infant Behavior and Development, 21. 315-330.
Chomsky, N. (1959): Review of Skinner's ‚verbal behavior'. In: Language, 35. 26-58.
Chomsky, N. (1965): Aspects of the Theory of Syntax, Cambridge, MA.
Chomsky, N. (1975): Reflections of language. New York .
Chomsky, N. (1980): Rules and representations. New York.
Chomsky, N. (1981): Lectures on government and binding. Dortrecht.
Chomsky, N. (1986): Knowledge of language. Cambridge, M.A.
Chomsky, N. (1995): The minimalist program. Cambridge, MA.
Chomsky, N. (2002): On nature and language. Cambridge, MA.
Chouinard, M.M./Clark, E.V. (2003): Adult reformulations of child errors as negative evidence. In: Child Language, 30 (3). 637-669.
Crain, S./Nakayama, M. (1987): Structure dependence in children's language. In: Language, 62. 522-543.
Croft, W. (2001): Radical construction grammar. Oxford, England.
Crystal, D. (1995): Die Cambridge Enzyklopädie der Sprache. Frankfurt a.M./New York.
Deacon, T. W. (1997): The Symbolic Species: The Co-evolution of Language and the Brain. New York.
Edwards, J. (2004): Foundations of Bilingualism. In: T.K. Bhatia/W.C. Ritchie (ed.). 7-31.

Eimas, P./Siqueland, E./Jusczyk, P./Vigorito, J. (1971): Speech perception by infants. In: Science, 171. 303-306.
Ellis, N.C. (1996): Sequencing in SLA. Phonological memory, chunking, and points of order. In: Studies in Second Language Acquisition, 18. 91-126.
Ellis, N.C. (1997): The Epigenesis of Language: Acquisition as sequence learning problem. In: A. Ryan/A. Wray (eds.): Evolving Models of Language. Clevedon/Philadelphia/Toronto/Sydney/Johannesburg. 41-57.
Elman, J.L./Bates, E.A./Johnson, M.H./Karmiloff-Smith, A./Parisi, D./ Plunkett, K. (1996): Rethinking innateness: A connectionist perspective on development. Cambridge, MA.
Elsen, H. (1999a): Auswirkungen des Lautsystems auf den Erwerb des Lexikons. Eine funktionalistisch-kognitive Perspektive. In: J. Meibauer/M. Rothweiler (eds.). 88-105.
Elsen, H. (1999b): Ansätze zu einer funktionalistisch-kognitiven Grammatik: Konsequenzen aus Regularitäten des Erstspracherwerbs. Tübingen.
Esser, H. (2006): Migration, Sprache und Integration. AKI-Forschungsbilanz 4. Arbeitsstelle Interkulturelle Konflikte und gesellschaftliche Integration. http://www.wz-berlin.de/zkd/aki/files/AKI-Forschungsbilanz_4.pdf (01.09.2006)
Fenson, L./Dale, P.S./Reznick, J.S./Bates, E./Thal, D.J./Pethick, S.J. (1994): Variability in early communicative development. Monographs of the Society for Research in Child Development. Serial No. 59, Vol. 242 (5).
Fillmore, C.J. (1988): The mechanisms of construction grammar. In: Berkeley Linguistics Society, 14. 35-55.
Fishman, J.A. (1990): What is Reversing Language Shift (RLS) and How can it Succeed?. In: Journal of Multilingual and Multicultural Development, 11. 5-36.
Fishman, J.A. (1993): Reversing Language Shift: Successes, failures, doubts and dilemmas. In: E.H. Jahr (ed.): Language Conflict and Language Planning. Berlin/New York. 69-81.
Fletcher, P./Macwhinney, B. (eds.) (1995): The Handbook of Child Language. Oxford/Cambridge, MA.
Fried, M./Östman, J.-O. (2005): Construction Grammar and spoken language: The case of pragmatic particles. In: Journal of Pragmatics, 37 (11). 1752-1778.
García, R./Diaz, C.F. (1992): The status and use of Spanish and English among Hispanic youth in Dade County (Miami) Florida. A sociolinguistic study. In: Language and Education, 6 (1). 13-62.
Gass, S.M./Selinker, L. (2001): Second Language Acquisiton. An Introductory Course. Mahwah/New Jersey/London.
Genesee, F. (2000): Early bilingual language development: one language or two?. In: L. Wei (ed.): The Bilingualism Reader. London/New York. 320-335.
Givón, T. (1995): Functionalism and grammar. Amsterdam.
Goldberg, A. (1995): Constructions. A construction grammar approach to argument structure. Chicago.
Goldberg, A. (2006): Constructions at Work. The nature of generalization in Language. New York.
Goldberg, A. (2009a): The nature of generalization in language. In: Cognitive Linguistics, 20 (1). 93-127.

Goldberg, A. (2009b): Constructions work. In: Cognitive Linguistics, 20 (1), 201-224.
Goldberg, A.E./Casenhiser, D. (2008): Construction learning and second language acquisition. In: P. Robinson/N.C. Ellis (eds.). 197-215.
Goodwyn, S.W./Acredolo, L.P. (1993): Symbolic gesture versus word: Is there a modality advantage for onset of symbol use? In: Child Development, 64. 688-701.
Gopnik, A./Choi, S. (1995): Names, relational words, and cognitive development in English and Korean speakers: Nouns are not always learned before verbs. In: M. Tomasello/W.E. Merriman (eds.): Beyond names for things: Young children's acquisition of verbs. Hillsdale.
Grosjean, F. (1989): Neurolinguists beware! The bilingual is not two monolinguals in one person. In: Brain and Language, 36. 3-15.
Haarmann, H. (2006): Weltgeschichte der Sprachen. Von der Frühzeit des Menschen bis zur Gegenwart. München.
Haugen, E. (1969): The Norwegian language in America. A study in bilingual behavior. Bloomington.
Hawkins, J. (2004): Efficiency and complexity in grammars. Oxford.
Höhle, B. (2004): Sprachwahrnehmung und Spracherwerb im ersten Lebensjahr. In: Sprache – Stimme – Gehör, 28. 2-7.
Humbold, W. v. (1963): Schriften zur Sprachphilosophie. In: A. Flittner/K. Giel (eds.): Werke in fünf Bänden. Band 3. Stuttgart.
Imo, W. (2007): Der Zwang zur Kategorienbildung: Probleme der Anwendung der Construction Grammar bei der Analyse gesprochener Sprache. In: Gesprächsforschung – Online-Zeitschrift zur verbalen Interaktion, 8. 22-45. http://www.gespraechsforschung-ozs.de/heft2007/ga-imo.pdf (13.05.2008)
Jarvis, S./Pavlenko, A. (2008): Crosslinguistic influence in language and cognition. New York/London.
Jusczyk, P. (1993): Infants' Preference for the Predominant Stress Patterns of English Words. In: Child development, 64 (3). 675-687.
Jusczyk, P./Friederici, A./Wessels, J./Svenkerud, V./Jusczyk, A. (1993): Infants' sensitivity to the sound patterns of native language words. In: Journal of Memory and Language, 32. 403-420.
Jusczyk, P./Houston, D./Goodman, M. (1998): Speech perception during the first year. In: A. Slater (ed.): Perceptual development: Visual, auditority and speech perception in infancy. Hove. 357-388.
Kauschke, C. (2007): Erwerb und Verarbeitung von Nomen und Verben. Tübingen.
Keller, J./Kafkes, A./Kielhofner, G. (2005): Psychometric characteristics of the Child Occupational Self Assessment (COSA). Part One: An initial examination of psychometric properties. In: Scandinavian Journal of Occupational Therapy, 12. 118-127.
Klann-Delius, G. (2008): Spracherwerb. Stuttgart/Weimar.
Klein, W. (1992): Zweitspracherwerb. Eine Einführung. Frankfurt a.M.
Köller, W. (2004): Perspektivität und Sprache. Zur Struktur von Objektivierungsformen in Bildern, im Denken und in der Sprache. Berlin/New York.
Koch, P./Oesterreicher, W. (1994): Schriftlichkeit und Sprache. In: H. Günther/O. Ludwig (eds.): Schrift und Schriftlichkeit. Ein interdisziplinäres Handbuch internationaler Forschung. 1. Halbband. Berlin/New York. (HSK Bd. 10.1). 587-604.

Langacker, R. (1987): Foundations of cognitive grammar (Vol. 1). Stanford, CA.
Langacker, R. (1991): Foundations of cognitive grammar (Vol. 2). Stanford, CA.
Langacker, R. (2009): Cognitive (Construction) Grammar. In: Cognitive Linguistics, 20 (1). 167-176.
Lanza, E. (1997): Language Mixing in Infant Bilingualism. A Sociolinguistic Perspective. Oxford.
Lashley, K.S. (1951): The problem of serial order in behavior. In: L.A. Jeffress (ed.): Hixon Symposium on Cerebral Mechanisms in Behavior. New York.
Lenneberg, E.H. (1967): Biological Foundations of Language. New York.
Lewis, J.D./Elman, J.L. (2001): Learnability and the Statistical Structure of Language: Poverty of Stimulus Arguments Revisited. In: Proceedings of the 26th Annual Boston University Conference on Language Development.
Lieven, E.V.M./Behrens, H./Speares, J./Tomasello, M. (2003): Early syntactic creativity: a usage based approach. In: Journal of Child Language, 30. 333-370.
Lieven, E.V.M./Pine, J.M./Baldwin, G. (1997): Lexically-based learning and early grammatical development. In: Journal of Child Language, 24. 187-220.
Locke, J.L. (1993): The child's path to spoken language. Cambridge, MA.
Locke, J.L. (1995): Development of the capacity for spoken language. In: P. Fletcher/B. MacWhinney (eds.). 278-302.
Locke, J.L. (1996): Why do infants begin to talk? Language as an unintended consequence. In: Journal of Child Language, 23. 608-619.
Locke, J.L. (1999): Towards a biological science of language development. In: M. Barrett (ed.). 373-395.
MacWhinney, B. (ed.) (1987): Mechanisms of language acquisition. Hillsdale, NJ.
MacWhinney, B. (1987): The Competition Model. In B. MacWhinney (ed.): Mechanisms of Language Acquisition. Hillsdale, 249-308.
MacWhinney, B. (1989). Competition and connectionism. In B. MacWhinney/E. Bates (eds.): The crosslinguistic study of sentence processing. Cambridge. 422-457.
MacWhinney, B. (2004): A multiple process solution to the logical problem of language acquisition. In: Journal of Child Language, 31. 883-914.
MacWhinney, B./Snow, C.E. (1990): The child language data exchange system: an update. In: Journal of Child Language, 17. 457-472.
McClelland, J.L. (1988): Connectionist models and psychological evidence. In: Journal of Memory and Language, 27. 107-123.
McClelland, J.L./Rumelhart, J.E. and the PDP research group (eds.) (1986): Parallel Distributed Processing: Explorations in the microstructure of cognition. Volume 2: Psychlogical and Biological Models. Cambridge, MA.
Meibauer, J./Demske, U./Geilfuß-Wolfgang, J./Pafel, J./Ramers, K.H./ Rothweiler, M./Steinbach, M. (eds.) (2007): Einführung in die germanistische Linguistik. Stuttgart/Weimar.

Meibauer, J./Rothweiler, M. (eds.) (1999). Das Lexikon im Spracherwerb. Tübingen/Basel.
Meisel, J. (2004): The bilingual child. In: T.K. Bhatia/W.C. Ritchie (eds.). 91-113.
Meltzoff, A.N. (1985): Immediate and deferred imitation in fourteen- and twenty-four-month-old infants. In: Child Development, 56. 62-72.
Meltzoff, A.N. (1995): Understanding the intentions of others: Re-enactment of intended acts by 18-month-old children. In: Developmental Psychology, 31. 838-850.
Müller, N./Kupisch, T./Schmitz, K./Cantone, K. (2006): Einführung in die Mehrsprachigkeitsforschung. Deutsch – Französisch – Italienisch. Tübingen.
Münch, A. (2005): Der Vocabulary Spurt: Erklärungsansätze der neueren Psycholinguistik. Siegen.
Nelson, K. (1973): Structure and strategy in learning to talk. In: Monographs of the Society for Research in Child Development. Serial No. 149, Vol. 38 (1-2). 1-135.
Nelson, K. (1981): Individual differences in language development: Implications for development and language. In: Development Psychology, 17. 170-187.
O'Grady, W. (1997): Syntactic development. Chicago.
O'Grady, W. (2005): Syntactic Carpentery: An emergentist approach to syntax. Mahwah.
O'Grady, W. (2008): Language without grammar. In: P. Robinson/ N.C. Ellis (eds.). 139-167.
O'Grady, W./Dobrovolsky, M./Katamba, F. (1996): Contemporary Linguistics. An Introduction. Amsterdam.
OECD-Studie (2002): Understanding the brain. Towards a new learning science. Paris.
Oksaar, E. (2003): Zweitspracherwerb. Wege zur Mehrsprachigkeit und zur interkulturellen Verständigung. Stuttgart.
Onysko, A. (2006): English code-switching in the german newsmagazine Der Spiegel. In: Internet-Zeitschrift für Kulturwissenschaft. Trans Nr. 16. http://www.inst.at/trans/16Nr/01_4/onysko16.htm (08.06.2009)
Papoušek, M./Papoušek, H. (1997): Stimmliche Kommunikation im Säuglingsalter als Wegbereiter der Sprachentwicklung. In: H. Keller: Handbuch der Kleinkindforschung. Bern/Göttingen/Toronto/Seattle. 535-562.
Pinker, S. (1984): Language learnability and language development. Cambridge, MA.
Pinker, S. (1996): Der Sprachinstinkt. Wie der Geist die Sprache bildet. München.
Pinker, S. (1999): Words and rules. New York.
Platon (2001): Menon. In: G. Eigler (ed.): Platon. Werke in acht Bänden: griechisch und deutsch. 2. Band. Darmstadt. 553-555.
Preyer, W. (1900): Die Seele des Kindes: Beobachtungen über die geistige Entwicklung des Menschen in den ersten Lebensjahren. Leipzig.
Plunkett, K. (1995): Connectionist approaches to language acquisition. In: P. Fletcher/B. MacWhinney (eds.): The Handbook of Child Language. Oxford. 36-72.
Pullum, G.K./Scholz, B.C. (2002): Empirical assessment of stimulus poverty arguments. The Linguistic Review, 19. 9-50.

Reddy, V. (1999): Prelinguistic communication. In: M. Barrett (ed.). 25-50.
Rizzolatti, G./Arbib, M.A. (1998): Language within our grasp. In: Trends in Neurosciences, 21. 188-194.
Rizzolatti, G./Craighero, L./Fadiga, L. (2002): The mirror system in humans. In: M. Stamenov/ V. Gallese (eds.). 37-62.
Robinson, P./Ellis, N.C. (eds.) (2008): Handbook of cognitive linguistics and second language acquisition. New York/London.
Romaine, S. (1989): Bilingualism. Oxford, England.
Romaine, S. (1999): Bilingual language development. In: M. Barrett (ed.). 251-275.
Rorty, R. (1992): Der Spiegel der Natur. Eine Kritik der Philosophie. Frankfurt a.M.
Rorty, R. (1993): Kontingenz, Ironie und Solidarität. Frankfurt a.M.
Schumann, J. (1978): The pidginization process. A model for second language acquisition. Roley, MA.
Searle, J. (1990): Collective intentions and actions. In: P.R. Cohen/J.L. Morgan/M.E. Pollack (eds.): Intentions in communication. Cambridge, MA. 401-415.
Selinker, L. (1969): Language transfer. In: General Linguistics, 9. 67-92.
Selinker, L. (1972): Interlanguage. In: International Review of Applied Linguistics, 10. 209-231.
Scholz, B.C./Pullum, G.K. (2002): Searching for arguments to support linguistic nativism. In: The Linguistic Review, 19. 185-224.
Sinclair, J. (1991): Corpus, Concordance, Collocation. Oxford.
Singleton, D./Ryan, L. (2004): Language Acquisition: The Age Factor. Clevedon/Buffalo/Toronto.
Skinner, B.F. (1957): Verbal behavior. Acton, MA.
Snow, C.E. (1977): Mothers' speech research: From Input to interaction. In: C.E. Snow/C.A. Ferguson (eds.): Talking to children. Cambridge, England. 31-49.
Stamenov, M./Gallese, V. (eds.) (2002): Mirror Neurons and the Evolution of Brain and Language. Amsterdam/Philadelphia.
Stern, C./Stern, W. (1907): Die Kindersprache. Eine psychologische und sprachtheoretische Untersuchung. Leipzig.
Studdert-Kennedy, M. (1991): Language development from an evolutionary perspective. In: N.A. Krasnegor/D.M. Rumbaugh/R.L. Schiefelbusch/M. Studdert-Kennedy (eds.): Biological and Behavioral Determinats of Language Development. Hillsdale, NJ. 5-28.
Stutterheim, C. v./Nüse, R. (2003): Processes of conceptualization in language production: language-specific perspectives and event construal. In: Linguistics, 41 (5). 851-881.
Szagun, G. (2008): Sprachentwicklung beim Kind. Ein Lehrbuch. Weinheim/Basel.
Szagun, G./Stumper, B./Schramm, A.S. (2009): Fragebogen zur frühkindlichen Sprachentwicklung (FRAKIS) und FRAKIS-K (Kurzform). Frankfurt a.M.
Tardif, T. (1996): Nouns are not always learned before verbs: Evidence from Mandarin speakers' early vocabularies. In. Developmental Psychology, 32 (3). 492-504.
Tiedemann, D. (1787): Beobachtungen über die Entwicklung der Seelenfähigkeiten bei Kindern. Altenburg.

Tomasello, M. (2002): Die kulturelle Entwicklung des menschlichen Denkens. Zur Evolution der Kognition. Frankfurt a.M.
Tomasello, M. (2005): Constructing a language: A usage-based theory of language acquisition. Cambridge, MA.
Tomasello, M. (2008): Origins of Human Communication. Cambridge, MA/London.
Tomasello, M./Brooks, P.J. (1999): Early syntactic development: A Construction Grammar approach. In: M. Barrett (ed.). 161-190.
Tomasello, M./Carpenter, M./Liszkowski, U. (2007): A New Look at Infant Pointing. In: Child Development, 78 (3). 705-722.
Trevarthen, C. (1998): The concept and foundation of infant intersubjectivity. In: S. Bråten (ed.): Intersubjective communication and emotion in early ontogeny. Cambridge. 15-46.
Trevarthen, C. (2004): Intimate contact from birth: How we know one another by touch, voice, and expression in movement. In: K. White (ed.): Touch, Attachment and the Body. London. 1-15.
Triarchi-Herrmann, V. (2006): Mehrsprachige Erziehung. Wie Sie Ihr Kind fördern. München/Basel.
Tronick, E.Z./Als, H./Adamson, L./Wise, S./Brazelton, T.B. (1978): The infant's response to entrapment between contradictory messages in face-to-face interaction. In: Journal of American Academy of Child Psychiatry, 17. 1-13.
US Summer Institute of Linguistics. http://www.ethnologue.com (02.02.2009)
Volterra, V./Taeschner, T. (1978): The acquisition and the development of language by bilingual children. In: Journal of Child Language, 5. 311-326.
Watson, J.B. (1913): Psychology as the Behaviorist Views it. In: Psychological Review, 20. 158-177.
Weikum, W./Vouloumanos, A./Navarro, J./Soto-Faraco, S./Sebastian-Galles, N./Werker, J.F. (2007): Visual language discrimination in infancy. In: Science, 316. 1159.
Wygotski, L.S. (1969): Denken und Sprechen. Frankfurt a.M.
Wittgenstein, L. (1969): Schriften 1. Tractatus logico-philosophicus. Tagebücher 1914-1916. Philosophische Untersuchungen. Frankfurt a.M.
Wray, A./Perkins, M.R. (2000): The functions of formulaic language: An integrated model. In: Language and communication, 20. 1-28.

Register

L

M

N

O

P

Q

R

S

T

U